思想照亮现实

偏爱学问

上海交通大学出版社

内容提要

　　"偏爱学问"这四个字生动地表达了俞可平教授纯粹的知识追求与智性的人生态度。全书分五个部分：看中国、说政治、谈民主、论治理、品学问。该书的文章形式为随笔，但内容是严肃的，饱含了俞可平教授对中国政治深刻的观察、独立的评判、热烈的关怀、客观而冷静的分析，其中不少文章是轰动政学两界的好文，更是了解当代中国政治的钥匙。

图书在版编目(CIP)数据

偏爱学问 / 俞可平著. —上海：上海交通大学出版社，2016
ISBN 978 - 7 - 313 - 15324 - 1

Ⅰ. ①偏… Ⅱ. ①俞… Ⅲ. ①社会科学—文集 Ⅳ. ①C53

中国版本图书馆 CIP 数据核字(2016)第 150585 号

偏爱学问

著　　者：俞可平

出版发行：上海交通大学出版社　　　　　地　　址：上海市番禺路 951 号
邮政编码：200030　　　　　　　　　　　电　　话：021 - 64071208
出 版 人：韩建民
印　　制：苏州市越洋印刷有限公司　　　经　　销：全国新华书店
开　　本：787 mm×960 mm　1/32　　　印　　张：6.375
字　　数：138 千字
版　　次：2016 年 7 月第 1 版　　　　　印　　次：2016 年 7 月第 1 次印刷
书　　号：ISBN 978 - 7 - 313 - 15324 - 1/C
定　　价：38.00 元

序　言

《偏爱学问》其实是一个序跋集，我这里所说的话其实是"序言"的序言。我一般不愿给别人做序，这里收录的大部分是我为自己的编著所撰写的序和跋。当然也有例外，我偶尔也为别人的编著，特别是自己研究团队的同事或学生的作品写上几句话。但不管给谁写序，只要我答应了，我一定自己写，而不会让作者去撰写草稿，稍事修改即成我的东西发表。还有一个特点是，我一般不去正面评论作品本身，而通常是就作品所论及的主题，提点自己的看法。这样一来，为自己或他人的著作做序，就变成了借此机会发表自己的观点。从这个意义上说，这本小小的序跋集在相当程度上浓缩了我的所思和所想。

学问有两种，一种是应用性的对策研究，一种是抽象的学理研究。我分别把这两种学问叫做"尘世的学问"和"天国的学问"。我的研究兴趣比较广泛，所涉及的领域也较多，既包括了很现实的应用研究，也包括了纯学术的理论研究。但无论哪种研究，我首先都把它们当作学问，而且我认为这两种学问其实是难分难舍的。所以，即使在我回到北京大学之前把大部分精力放在应用研究上，还是更多地以学术的而非政治的眼光去分析现实问题。偏爱学问，是我内在的喜好。

我清楚地知道，政治的理性与学术的理性难以调和，在现实生活中，政治与学术的差距总是那么巨大。但作为一个理想主义者，我却总想把两者集于一身。收录于此书的这些序跋，多半是在我任中共中央编译局副局长期间撰写和发表的，我试图努力以学术的理性去追求政治的理性。敏锐的读者从《偏爱学问》中将不难发现，学术理性与政治理性的这种交互关系，处处体现在我的研究中。

非常感谢上海交通大学出版社刘佩英总编辑为编辑出版这本小册子所付出的辛勤劳动，没有刘女士的创意，就没有本书的出版。需要一并表示感谢的还有交大出版社的刘旭编辑，本书付梓之前，他认真细致地审阅书稿，并提出了专业的修改意见。希望也有不少读者像我一样偏爱学问，从而喜欢本书。

2016 年 7 月 1 日于京郊方圆阁

目　录

看中国

说政治

谈民主

论治理

品学问

看中国

在中国,政治意识形态对现实政治有着广泛而深远的影响。观念的转变是改革的前提,思想的解放是进步的标志。从某种意义上说,中国的改革开放过程,就是一个新旧思想观念的碰撞过程,是一个新的思想观念战胜旧的思想观念从而推动社会进步的过程。

通过关键词理解中国政治

近些年中,无论在政界还是在学界,"中国特色"成为一个实实在在的流行字眼。以中国 5 000 多年的传统文明和 13 亿多的人口规模,一切制度和政策或多或少会有某种"中国特色",本是十分自然的事情。但是,如果过分强调"中国特色",以至无视或忽视人类文明的共同价值和社会发展的普遍规律,则是一件相当危险的事情。

不同的民族和人民既有共同的价值和规律,又有其各自的特殊性和多样性,这是关于人类文明的基本常识。1+1 等于 2,无论在中国,还是在北美、中东和南非,都是一样的,但它可以用中文、英文、阿拉伯语等不同的语言或不同的符号来表达。

从政治上说,过分强调"中国特色"则有可能成为排斥其他先进文明合理内容的借口,妨碍中华文明的与时俱进,阻滞伟大的中华文明成为世界文明主流的进程。

从学术上说,过分强调"中国特色"常常是一种惰性,它会妨碍中国学者去努力探究特殊性背后的普遍性,不利于对中国独特的现代化道路进行高度的学术抽象。

这样的学术抽象,恰恰是学术水平的集中体现,也是发现人类社会普遍发展规律的基本途径。客观地分析中国特色的政治发展，严肃地对"中国故事"进行理论抽象，努力探索中国政治发展的内在逻辑，这是中国政治学者的重大责任，也是推进中国学研究的现实途径。

中国政治学者应该有这种责任意识和实际行动。比如，在由景跃进、张小劲和余逊达教授主编的《理解中国政治：关键词的方法》中，我们清楚地看到了中国政治学者的这种责任意识和实际行动。该书选择了改革开放以来影响中国现实政治生活的若干代表性概念范畴，努力运用现代政治科学的方法，进行深入的理论分析，力图揭示出中国政治发展的内在规律和基本价值。

其中的许多概念完全是中国化的，如"土政策"、"党内民主"、"增量民主"、"干部公选"、"群众路线"和"压力型体制"等等，但作者大多都以规范的学术语言和方法去分析这些特殊的中国政治现象，虽然得出的结论可能不为所有人接受，但却代表一种严肃的学术努力，是对中国政治学研究的重要知识积累。不仅如此，这样的学术努力，也势必能够为国际政治学同行所理解和认可，有助于他们客观认识中国的现实政治进步，从而有助于中国政治学真正走向世界。无论是中国读者还是国外读者，通读此书后，想必会得出这样的结论：中国的民主法治进程其实并没有偏离人类政治文明的大道，但中国的政治发展确实带有自己的独特印记。

我们既不能简单地用西方的政治分析工具和概念来解释现实的政治进程，也不能完全无视政治学的普遍公理，自说自话地来论述中国的政治发展。立足中国的历史传统和现实国情，善于吸收和借鉴国外文明的先进成果，不仅是推进我国政治发展的正道，也是推动我国政治学研究的正道。

在中国,政治意识形态对现实政治有着广泛而深远的影响。观念的转变是改革的前提,思想的解放是进步的标志。从某种意义上说,中国的改革开放过程,就是一个新旧思想观念的碰撞过程,是一个新的思想观念战胜旧的思想观念从而推动社会进步的过程。稍稍比较一下改革开放前后中国政治领域流行术语的变化,就会发现观念的转变与政治的进步之间有多么紧密的联系。

在政治领域,改革开放前,我们最流行的概念是"革命"、"反革命"、"继续革命"、"无产阶级文化大革命"、"阶级斗争"、"斗私批修"、"反修防修"、"无产阶级专政"。改革开放后,政治领域的流行术语则变成"改革"、"发展"、"创新"、"民主"、"人权"、"法治"、"和谐社会"、"以人为本"、"民主执政"、"依法治国"、"社会主义民主"等。熟知中国政治发展的人都知道,在这些观念演变的背后,是更加深刻的现实政治的变迁。

从中国政治的关键词入手,来分析改革开放以来中国政治的演变,从政治话语的转变来观察现实政治的进程。这一视角对于分析中国的现实政治,具有特殊的重要性。

（本文为景跃进等著、中国社会科学出版社出版的《理解中国政治：关键词的方法》一书序言，有删改。）

用世界的眼光看中国

　　一个问题或一个领域,要成为一门学问或一个学科,需要具备若干必要的条件。首先是该问题或领域对人类知识积累或文明进步的重要性,只有那些对人类知识进步和文明进步有重大意义的问题或领域,才能形成自成体系的学问或学科。其次是特定的研究对象、研究方法和概念体系,如果没有与其他学科相区别的问题领域、分析概念和研究方法,这门学科也不能成立。最后是拥有一支专业的研究队伍,有一群人专门从事该学科的研究。按照这样三个方面的标准来衡量,全球学作为一门学科或学问的条件已经具备。相应地,设立全球学的专业课程,编写全球学的专业教材,正适逢其时。

　　全球问题作为一个专门的研究领域,历史并不算长。全球问题成为世界范围的关注热点,是从 20 世纪 90 年代后开始的。然而,全球问题与其他问题不同,它与全球化相关,是全球化的伴生物。全球化则是世界历史发展的一个转折点,是人类进入一个全新时代的主要标志。全球化的基本特征是,在经济一体化的基础上,世界范围内产生一种内在的、不可分离的和日益加强的相互联系。全球化事关人类的命运。它不仅极大地改变了人类的生产方式、消费方式和交换方式,也极大地改变了人类的思维方式和行为方式。全球化是人类历史中一个漫长而巨大的转变过程,它还刚刚开始,远没有终结。因此,从某种意义上说,对全球问题的研究,就是对人类自身命运的探索。我们没有任何的理由,拒绝将全球问题的研究上升到全球学的高度,使我们对全球问题的研究更加知识化、系统化和专业化。

中国学者在全球问题的研究上也起步于 20 世纪 90 年代,相对而言,这一领域的研究跟发达国家的距离也没有其他学科那样明显,这主要得益于两个原因。其一,众多的全球问题是全球化时代的产物,是人类在我们这个时代所面临的新问题,各国学者对这些问题的认知和研究大体上处于同一水平线上。其二,中国积极参与全球化进程,是世界全球化进程的重要角色。改革开放是中国的基本国策,对内改革与对外开放成为中国腾飞的两翼。这一现实背景,既为中国学者开展全球化研究提供了必要的动力,也创造了有利的条件。中国学者不再像改革开放前那样闭关自守、与世隔绝,而是亲身参与和体验重大的全球化事件,直接与国外学者进行学术交流。例如,每年都有大量国内学者去海外访问研究,国内还译介了众多国外全球化研究的重要成果。因此,国外学者关于全球化研究的最新成果,几乎同时就能为国内学者分享。

在国内众多全球化研究机构和团队中,以蔡拓教授为首的研究团队,在全球问题研究上一直处于前沿的位置。蔡拓教授是国内最早进行全球问题研究的学者之一,十多年来他一直是该领域的代表性学者之一。在南开大学时,他就率先创办了全球问题的研究机构,设立了全球问题的重大课题。到中国政法大学后,他继续领导一个专业团队,从事全球问题研究,取得了众多为学界所公认的高质量研究成果,也因此于 2011 年被教育部批准设立了全国第一个全球学专业博士点。蔡拓教授领衔主编国内首本《全球学导论》,其根本目的,是在建立一种新的学科知识体系,用以揭示全球化进程的规律和全球化现象的本质。其倡导的全球意识、全球思维、全球认同和全球价值,对于正在迅速崛起的中国,特别是对于重塑全球化背景下中国与世界的关系,尤其重要。

我们习惯于以中国的眼光去看待世界,而在全球化时代,我们更要习惯于以世界的眼光来看待中国。"用世界的眼光来看待中国,不要用中国的眼光看世界",是著名语言学家周有光先生在 108 岁时所说的一句至理名言,是这位大学问家在饱经世间沧桑后对中国与世界关系的一个深刻参悟。

（本文为蔡拓教授主编的《全球学导论》一书的序言,有删改。）

国家形象与软实力

　　研究政治发展的人都知道,国家的实力既包括经济总量、科技水平和国防力量等硬实力,也包括核心价值体系、国民素质、政治经济制度和国家形象等软实力,而且软实力在国家综合力量中的比重似乎在不断增加。改革开放后,中国的国家力量得到了迅速增强,这里既有硬实力的增强,这一点为举世瞩目,但也包括软实力的增强,这一点也同样不可否认。不过,正如不少研究者看到的那样,中国硬实力的增长与软实力的增长不太成比例,前者的增长较之后者更加迅速,也更加引人注目。因此,如何增强国家的软实力,正在日益引起政府领导人和专家学者的关注,我想这也是为什么举国上下现在格外关注下面这些问题的原因所在:如何重建我们的核心价值体系? 如何完善我们政治经济制度? 如何提高国民的素质? 如何进一步提升中国在国际舞台上的形象等。

　　"国家形象"在全球化时代显得特别重要,已经成为国家利益的重要内容。损害国家形象,实际上就是损害国家利益,反之亦然。由是之故,关心国家利益的人,势必要关注国家形象。作为国外研究中国问题的专家,雷默先生曾因提出"北京共识"而声名鹊

起,在经过一年多时间大量在中国和世界范围内所做的调研后,他
又推出了《淡色中国》一文,系统地论述了他眼中的"中国形象"。
在该文中,雷默就"国家形象"的意义、中国在"国家形象"方面存
在的问题、西方人眼中的"中国形象"、他自己对"中国形象"的定
位,以及如何改善"中国形象"等提出了不少独特的观点。

雷默说,中国目前最大的"战略威胁"之一,在于其"国家形
象"。中国目前最重大的战略挑战,都与其"国家形象"相关。中国
自己如何看待中国,以及其他国家如何看待中国,将在很大程度上
决定中国改革和发展的未来。他认为,正在迅速崛起的中国在"国
家形象"方面的最大问题,不是简单的其"国家形象"的好或坏,而
在于中国人自己对中国的想象与国际社会对中国的想象有很大的
差距。在过去近 30 年中,中国的变化太快,以致"中国形象"难以
适应中国现实变化的速度之快。国际社会对中国的看法常常是落
伍的观念、固执的偏见和一味的恐惧。而中国自己对自己的看法
则经常摇摆于自信与不安、谨慎与自大之间。这种状况会削弱中
国的国际信任度,也妨碍中国正确判断哪些是国际社会对其善意
的批评,哪些是恶意的攻击。

雷默认为,鉴于中国在维护国际和平秩序方面所发挥的重要
作用,对"中国形象"的误判,无论对于世界还是对于中国,都是相
当危险的。对于世界而言,中国首先必须得到国际社会的信任。
对于中国而言,必须设计一整套与中国的现状与其理想的未来相
适应的观念、标识、品牌和说辞。这不是放弃中国传统文化,而是
通过知识产品、文化产品和一般商品展示一个新颖的中国。这也
不是倡导过去的那种"广播式宣传",那种方式已经过时。

雷默自己别出心裁地把"中国形象"界定为"淡色中国"。他解

释说,中国正在急速变化,其最终结果将是现实与不确定未来的混合。"淡"可以把两种正好相反的东西结合成一种清晰的颜色。在汉语中,"淡"将"水"与"火"两种不相融的东西结合在一起,使对立的东西成为一种和谐,而和谐既是中国传统的价值,也是中国眼前追求的目标。中国需要一种"淡色"的国家形象,将相反的东西和谐地结合在一起。

雷默所说的"淡色",类似于"白色"。他说,白色品牌是世界上最强有力的品牌,因为在白色品牌上可以画最美的画。而白色的本质就是汉语所说的"淡",像水一样。我们可以按照自己的要求来界定它的特色,使它成为自己的东西。淡色的中国意味着,中国是一块白板,可以充分展现自己的美好理想,既可以包括"水",也可以包括"火"。它是"和而不同"这一传统中国文化的精华所在。"淡色中国"可以解释最具挑战性的问题:为何在中国充满着相互对立的东西。

雷默指出,最强有力的淡色品牌不是一般的商品,而是知识、文化和政治产品。国家形象直接关系到国家在国际社会的"声誉资本"(Reputational Capital),而"声誉资本"的缺乏则会增大改革的风险。对于中国来说,在国际舞台上若缺乏足够的"声誉资本",将带来以下危害:① 增加经济改革的成本;② 增大货币和金融风险;③ 延缓农村改革;④ 增大国际压力;⑤ 伤害中国的企业。最后,雷默还就如何增大中国的声誉资本和改善"中国形象"提出了若干建议,其核心内容是,改革相关制度,从以前的"广播模式"转变为现在的"网络模式"。

正如雷默自己清楚地知道的那样,他的观点不可能与我们完全一致。但是,雷默的看法对于我们更好地了解西方人心目中的中国,从而更加完整准确地定位我们的国家形象,共同建设一个和谐的世界,具有重要的参考价值。

（本文为雷默先生《中国形象：外国学者眼里的中国》一书所作的序言，有删改。）

海外学者中国研究的演变

　　改革开放 20 年来,我们创造了年平均经济增长率超过 9% 的奇迹,1999 年的国民生产总值是改革开放前的 1978 年的 20 多倍。这一辉煌的成就举世瞩目,中国作为一个真正的强者而受到了世人前所未有的关注,使得越来越多的海外学者关注我国的改革开放及其指导思想——邓小平理论,发表了大量研究中国政治、经济、文化和意识形态的论著,其研究的视角也在过去 20 年间发生了重大转变,从传统的"汉学研究",逐渐演变成为"中国研究"。这一研究视角的转换呈现出以下五个特点。

　　从研究的重点来看,近 20 年海外学者的研究逐渐从中国历史转变到了中国的现实。研究重点从历史到现实的转变,是传统汉学研究发展到现在的中国研究的主要表现。过去,海外学者对我国的研究统称汉学(Sinology),之所以这样,主要是因为那种研究基本上局限于中国的历史和语言、文化传统。而 80 年代以来,研究的重点则日益转向当代中国的政治、经济和文化,传统的汉学研究显然不能包含上述转变的意义,代之而起的是"中国研究(Chinese Studies)"。

　　与上述情况相适应,过去海外一些著名的研究我国的机构和学者几乎都与研究我国的历史、语言和文化传统有关。像美国哈佛大学的燕京学社、加州大学伯克利分校的东亚研究所,德国汉堡大学的汉学系和慕尼黑大学的汉学研究所,荷兰莱登大学的汉学研究院等世界上著名的研究机构都以研究我国的历史和传统文化著称;而最近20年来,越来越多研究当代中国的专门机构相继崛起,如美国普林斯顿大学的中国研究中心、哥伦比亚大学的中国问题研究所和德国汉堡的中国研究资料中心等,而且即使那些过去的汉学研究机构,现在也日益加重其研究当代中国的比重。

　　过去一代国际著名的中国问题研究专家也几乎清一色都是汉学权威,如美国的费正清(John Fairbank)、费维恺(Albert Feuerwerker)、史华慈(Benjamin Schwartz)、史景迁(Jonathan D. Spence),德国的傅欧伯(Herbert Franke)、傅吾康(Wolfgang Franke),法国的谢和耐(Jacques Gernet)等都以研究我国的历史和传统语言文化见长;而最近20年中产生的著名中国研究学者多半都以研究当代问题而成名成家,如美国的何汉理(Harry Harding)、马若德(Roderick McFarquar)、德里克(Arif Dirlik)、弗里德曼(Edward Friedman)、拉迪(Nicholas R. Lardy)、兰普顿(David M. Lampton)、沈大伟(David Shambaugh)、欧迈格(Michel C. Oksenberg)、德国的海贝勒(Thomas Herberer)、波奈特(Armin Bonnet)、英国的赛奇(Tony Saich)、戈登·怀特(Gordon White)等。20年前海外研究我国的著名刊物当首推美国的《近代中国》和荷兰的《通报》,而现在反映当代中国研究成果的英国的《中国季刊》已经后来居上。澳大利亚的《汉学研究通讯》则干脆改名为《中国研究》。

　　从研究的领域来看,20年间海外对我国的研究逐渐从历史学、文学和语言学等人文学科,转向政治学、经济学、法学和社会学等社会科学,后者成为这 20 年间海外研究中国的热点学科。从发表的成果看,传统的文史哲方面的论著虽然仍有很大的比例,但这些年来关于我国的政治学、经济学、法学和社会学分析日益增多,这些发表的论著的数量已经超过了传统的文史哲。从研究者来看,这 20 年中脱颖而出的著名中国问题研究权威中,多半是政治学家、经济学家或社会学家。如何汉理、弗里德曼、马若德、海贝勒、赛奇、怀特等是政治学家,拉迪、波奈特、青木昌彦等是经济学家,路易·亨肯是法学家。学科重点的转换与海外有关中国研究的基金会的资助方针有直接的关系,从这些年几个较大的基金会资助有关中国研究的课题来看,对政治学、经济学、社会学和法学课题的资助,无论从项目的数量还是从资金的额度上看都明显超过了文史哲课题。事实上,像世界上最大的基金会之一福特基金在北京的办事处,主要资助对象就是经济学、政治学、法学和社会学方面的研究课题。

　　从研究主体看,海外中国学者已经从单纯的国别专家,发展成为多学科多层次的研究群体;从单纯的学者,成为政府对华政策的智囊。以往的海外汉学家大体上都是比较单纯的专门研究中国问题的大学教师或研究人员,是国别专家;但近 20 年来,除了国别专家以外,一些一般的学者,如一般的政治家或经济家也开始关注中国问题。例如,世界著名的反腐败研究权威琼斯顿(Michael Johnston),根本不懂汉语,但因为在他看来中国的腐败问题有普遍的学术研究价值,所以也涉足了对我国腐败的研究。以往的汉学家除了做纯粹的学问外,基本上不涉足现实政治,对政府政策几乎没有任何关系;但现在,越来越多的中国问题专家开始成为该国政府对华政策的顾问或智囊人物,在国会对华政策的听证会上,他们的意见往往举足轻重,更有一些中国问题专家直接应邀就任政府有关部门的官员。如美国克林顿政府中担任中国事务帮办的谢淑丽女士就是一位研究当代中国政治的学者,1993年发表的《中国经济改革的政治逻辑》一书使她一举成名,为民主党政府瞩目。海外中国学研究主体还有一个变化,就是近年来定居海外的华侨学者正在海外中国研究中起着日益重要的,甚至是不可取代的作用。他们拥有不少得天独厚的研究条件,例如母语是汉语,非常熟悉国内情况,在中国国内有各种各样的关系网络等。他们或是与国外学者合作,或是单独进行研究,在海外中国研究的许多领域中开始发挥重要的作用。

从研究的意义来看,近20年来海外的中国研究已经超出了狭隘的区域研究的范畴,而开始成为一种多学科交叉的综合性研究。过去,海外汉学研究是一个范围相当狭小的区域研究圈子,所发表的研究成果基本上局限于圈内学者阅读,而在近20年中这种情况大大地改变了。上面说过,中国研究已经不是国别专家的事,而引起了政治学家、经济家、法学家和社会学家等的广泛关注,甚至其中的一些学者连起码的汉语常识也没有。以前,海外的中国学者基本上都集中在大学汉学系或亚洲及中国研究机构,而现在则几乎分布到了社会科学的各个学科,在著名大学的政治学系、经济学系、社会学系、历史学系几乎都有中国问题专家。关于中国研究的成果也远远不只发表在专门的中国研究刊物上,而几乎在所有重要的社会科学刊物上都或多或少有所反映。例如,分别在美国经济学界和政治学界最有影响的《美国经济学评论》和《美国政治学评论》上,近年来关于中国政治经济方面的研究文章发表了许多篇,这是前所未有的。至于在《纽约时报》、《泰晤士报》、《费加罗报》、《华盛顿邮报》、《今日美国》、《当代历史》、《经济学家》、《比较经济学》、《比较政治学》和《社会科学杂志》等有世界影响的报刊上,关于中国研究的文章和报道更是屡见不鲜。

对于海外学者研究我国的上述视角转换,以及围绕这一视角转换而发表的各种观点和理论,我们应当给予充分的重视,应当把分析和鉴别海外学者对邓小平理论和我国改革开放的研究看作是中国特色社会主义研究的一个不可或缺的部分。

首先,加强这方面的研究有助于更深刻和全面地理解中国特色社会主义的国际意义。中国的改革开放及其指导思想邓小平理论具有世界意义,它是中国与世界的一种互动,它既受到国际环境的影响,顺应了和平与发展两大世界潮流;反过来又极大地影响了世界历史的进程。中国是世界的一部分,中国的发展一方面既离不开世界,另一方面又必然对世界产生这样那样的影响,在全球化的时代尤其如此。我国的人口占世界人口总数的近1/5,解决这么多人的温饱问题,使全人类1/5变得富强起来,这本身就具有世界历史的意义,是全人类的一个壮举。我国的现代化事业的巨大成功和综合国力的急速增强,客观上必然直接或间接地影响着了世界历史的进程。我国改革开放事业的成功,还将对类似我国这样经济文化比较落后的国家摆脱贫困走向富强提供借鉴意义。简言之,当代中国的政治经济发展不仅对我国的历史进程有着深远的意义,对世界历史进程也有着重大的意义。因此,海外学者对中国改革开放的研究其实也是对人类社会普遍发展规律的一种探索。

其次,海外学者对邓小平理论和我国改革开放的研究,既不乏偏见和浅见,也不乏真知灼见。他山之石可以攻玉,去除其中的偏见和糟粕,汲取其中的灼见和精华,听听海外学者对我国改革开放全过程的分析、评论、建议和善意的批评,不仅对于我们正确认识改革开放的意义,克服改革开放过程出现的各种问题,进一步推进我国的社会主义现代化事业,具有重大的借鉴意义,而且对于增进中国人民与世界各国人民的相互了解,使我们以更加宽阔的视野走向世界,也有着十分积极的意义。

第三,了解海外学者关于当代中国政治和经济问题的各种观点,有利于知己知彼,更好地为党和政府制订科学的对外政策服务。海外研究中国的著名专家学者常常是其所在国政府对华政策的顾问,他们的研究通常成为其政府对华政策的理论依据,例如美国的斯卡拉宾诺、何汉理和谢淑丽等。分析和研究这些海外中国专家对我国改革开放的各种观点和主张,可以从更深的层次了解其政府的对华政策走向。

第四,增强我们对改革开放的信心,坚定对走有中国特色社会主义道路的理论信念。常言道,旁观者清。我们在改革开放过程中虽然也面临着各种困难,但20年改革开放的巨大成就举世瞩目,任何正直和公正的海外学者都不会否认。及时地介绍他们对我国改革开放成就的积极评价和分析,对于我们正在进行的理想信念教育具有特殊的重要意义。

第五,宣传改革开放,树立中国形象。通过学术交流,运用学术语言和学术对话,使海外中国学者全面客观地了解我国改革开放的理论与实践,并通过他们向其所在国人民客观介绍我国改革开放的成就,可以起到特别的作用。因为这些学者多数是严肃认真的,只要在了解他们的学术话语和观点的基础上进行充分的说理,往往能接受正确的观点。然后,他们又能以中国研究专家的身份在国内发表观点,其影响力和说服力就特别大。

第六，在国际共产主义运动处于低潮的今天，可以起到弘扬马克思主义的作用。一方面，我国的社会主义现代化事业突飞猛进的时期，正是前苏联东欧社会主义国家发生剧变，国际共产主义运动处于低潮，世界从两极向多极转变这样一个特殊的历史时期。我们在这样一个时期建设社会主义并且取得了巨大成就，这本身就是社会主义无限生命力的最好明证。另一方面，许多海外学者错误地认为，中国的改革开放和建立社会主义市场经济是走向资本主义，这种观点甚至在国内也有一定的影响。这是他们对邓小平理论和我国改革开放的实践缺乏了解的结果，事实上，我们所做的一切与资本主义有本质的区别。通过将中国特色的社会主义放到国际的背景中进行比较研究，就可以明确地表明我国改革开放的社会主义本质，从而更加有力地说明马克思主义和社会主义在当今世界的无穷生命力。

最后，重视海外学者对中国特色社会主义的研究，也是改革开放在邓小平理论研究中的具体体现。邓小平理论是马克思主义在当代中国的发展，马克思主义本质上是开放的，我们研究马克思主义及其在当代中国的发展也应当持开放的心态。倾听海外学者对邓小平理论和我国改革开放的评论，就是这种心态的自然要求。

（本文为《海外学者论中国改革开放丛书》的总序，有删改。）

中国民主的进步

今年是中国改革开放 30 周年。30 年前的改革开放,给中国的政治、经济、文化以及全部社会生活带来了翻天覆地的变化,谱写了中国历史的新篇章。改革首先发生在经济领域,社会主义的市场经济替代了传统的计划经济,公有经济、民营经济、合作经济以及股份制等多种经济形式,替代了传统的经济所有制。这些改革极大地提高了社会生产力,提高了广大人民的生活水平,创造了中国经济发展的奇迹。例如,国内生产总值从 1978 年的 3 264 亿元人民币上升到 2007 年的 246 619 亿元人民币,在过去 29 年中年均 GDP 增长率超过 9.5%。1978 年,中国城市和农村居民人均年收入分别是人民币 343.4 元和 134 元,而 2007 年上升为人民币 13 786 元和 4 140 元。中国的贫困人口从 3 亿多人,下降到现在的不到 1 500 万人。9 年义务教育在全国城乡普遍实行,高等教育毛入学率从 1978 年的 1.55% 上升到 2006 年的 22%,人均预期寿命从 1978 年的 68 岁,提高到 2005 年的 73 岁。

许多西方国家的政治家和民众,往往承认改革开放后中国所取得的经济成就,但不承认中国在政治方面的巨大进步。作为一个亲身经历改革开放的学者,我想说,这是一种很大的政治偏见。

改革开放的过程,是中国社会的一个整体性进步过程,包括政治生活的巨大进步。改革开放后,中国历史上最大规模的民主选举在广大的农村开始推行。一个由各种社会组织或民间组织组成的相对独立的公民社会正在兴起,并且在社会政治生活中发挥越来越重要的作用。公民可以自由地出国、自由地经商、自由地变换职业。"人权"已经成为中国最基本的政治价值,被写进入了中国宪法。"法治"被首次当作中国政治发展的目标,并且以宪法的条款加以规定。而所有这些,在改革开放前都是不可想象的。

中国政治的进步,集中体现在中国特色民主政治的发展上。中国坚持走社会主义的道路,而民主正是社会主义的本质特征。科学社会主义的创始人马克思恩格斯认为,民主政治是一切国家形式的最终归宿。人类社会自从产生国家后,有过不同的国家制度,在所有这些国家形式中,只有民主制才是国家的最完整形式,从而也是国家的最终形式。在民主制中,人民成为国家的主人,全部政治权力回归社会。只有实现真正的民主,人类才能获得彻底的解放。因此,"没有民主,就不可能有社会主义"。不追求民主的人,不可能是一个真正的社会主义者。

民主是近代以来中华民族一切仁人志士浴血争取的结果,也是中国共产党人始终不渝的奋斗目标。中国共产党自从成立之日起,就一直把追求中国人民的民主当作自己义不容辞的历史责任。中国共产党领导的人民解放事业,就是波澜壮阔的人民民主事业。当年中国共产党之所以能够推翻强大的国民党统治,就是因为它所追求的民主事业代表了中华民族的进步方向。中华人民共和国成立后,特别是改革开放以来,中国共产党之所以能够领导中国人民取得现代化建设的巨大成就,根本原因也在于它坚持人民民主的政治原则,致力于改善人民群众的福祉,从而得到了人民大众的支持。

中国的民主有自己的特色。一方面,民主是人类的共同价值,各国的民主有其普遍性的一面。例如,民主政治离不开法治,离不开人民选举,离不开公民参与,离不开权力监督,离不开政治透明,离不开社会自治,等等。没有这些普遍要素的民主,必然是空洞的假民主。但另一方面,在不同的国家和不同的历史条件下,民主又有不同的模式。中国的民主也同样离不开人民的选举、权力的监督和公民的参与,但选举制度、监督制度和参与制度具有明显的中国特色。例如,在政党制度方面,中国不推行多党制,而实行"一党执政多党合作"制度;在权力的制衡方面,中国不实行立法、行政、司法的三权分立,而推行议行合一的人民代表大会制,重在"人权、事权和财权"以及"决策权、执行权、监督权"之间的制约;在选举制度方面,国家领导人不搞全国性普选,而是由全国人民代表大会间接选举产生。

我有幸成为中国改革开放的一名见证者、参与者和研究者。我的《中国的民主政治》一书即是我对改革开放以来中国政治发展,特别是中国民主政治的一些思考。这些文章从某个角度反映了改革开放以来中国民主政治的发展历程,以及一名中国学者对民主政治的思考。

（本文为作者专著《中国的民主政治》日文版一书的序言,有删改。）

中国的治理改革

　　我一直强调,中国的改革开放是一种整体性的社会变迁,远不只是经济的变革,而是包括政治改革在内的全面变革,是社会政治、经济和文化的全面进步。我们不仅创造了经济发展的奇迹,极大地增加了我国的国民财富,改善了广大人民群众的物质生活水平,而且公民的民主权利和文化权利都得到了极大的改善。改革开放以来,政治改革的呼声从来没有停息过,政治改革的行动也一刻没有停顿过。大量的政治改革都发生在治理的领域,如政府创新、依法治国、公共服务、行政审批、政务公开、民主决策、反腐倡廉、政府问责等。治理领域的改革一般不涉及政治框架,是在已有宪政制度下的工具性改革。但工具性的治理改革必然要涉及政治制度,也同样属于政治体制改革的范畴,而且对于维护和增加公民的正当权益具有直接的意义。也许正是由于这个原因,工具性的治理改革,而不是框架性的制度变迁,成为近年来世界各国政治改革的一个重点内容。

　　从近30年我国政治改革的实践来看,诸如政府创新这些治理改革不仅对于建设一个服务政府、法治政府、廉洁政府和透明政府至关重要,而且对于促进社会主义市场经济的健康发展,维护公民的政治和经济利益,推动中国社会主义民主政治的进步,也有着极为重要的意义。本着这样的认识,中央编译局比较政治与经济研究中心从 2000 年开始,就与其他单位联合发起了"中国地方政府改革创新研究与奖励计划"。这个计划有两部分的主体内容,一是按照科学的标准和程序对地方政府创新的案例进行评选,授予其中的佼佼者"中国地方政府创新奖",借此来奖励、宣传和推广各级地方政府的改革创新经验;二是对改革开放以来在民主治理方面的一些先进实践进行跟踪性的理论研究,探索中国特色民主政治的发展规律,借此推进我国的政治学研究。在过去的 6 年多时间中,我们成功举办了 3 届中国地方政府创新奖的评选,共有 800 多个地方政府的改革创新项目参与了我们的活动;同时,我的同事们也撰写发表了一系列的研究成果,在国内外同行中产生了良好的反响。

　　研究中心的年轻同事们推出的《中国民主治理研究丛书》是又一个系列成果的汇编。作为研究中心的主任和研究计划的总负责人,看到这些年轻的同事们刻苦钻研,学有所成,不断推出一批批研究成果,博得国内外学术同行的认可与鼓励,我由衷地感到莫大的喜悦。这些成果至少表明这样一点:他们既没有以"马克思主义权威"自居,动辄指责别人的研究"西化"、"非马克思主义化",也没有照抄照搬西方的理论,而是致力于从中国与世界的实际出发,对马克思主义和中国特色社会主义进行建设性的研究;他们没有急功近利、夸夸其谈、投机钻营,而是不畏艰难,独立思考,脚踏实地为中国特色的社会主义民主政治和政治学研究尽着自己的最大努力;他们没有从书本和教条出发,发表一些不仅别人不爱听而且自己也未必真信的空洞之言,而是最大限度地与生动活泼的改革现实相结合，为我国伟大的改革开放事业建言献策，以自己的理论成果尽推动社会进步的责任。

（本文为《中国民主治理研究丛书》的总序，有删改。）

中国特殊的政商关系

　　无论在哪个国家和哪种体制下,在各种社会关系中,政商关系都是最重要的关系之一。政商关系,其实就是经济与政治的关系,或者如作者在书名中所揭示的,是"市场与政治"的关系。一个国家的政商关系如何,不仅极大地影响着一个国家的社会经济生活,而且也极大地影响着一个国家的政治生活和日常生活。完全可以说,一个国家的政商关系,在相当程度上决定着一个国家的社会政治生态和经济生态。张伟博士将政商关系作为研究的重点,可谓抓住了理解当今中国社会政治经济关系的钥匙,也是理解他早先研究的"社会中间阶层"的关键所在。

　　由于历史传统和现实体制的特殊性,中国目前的政商关系与西方发达国家的政商关系极不相同。中国目前的政商关系,一个十分独特的地方,就是有所谓的"官商"与"民商"之分。"官商"就是国有企业家,"民商"就是民营企业家。国有企业掌握着中国的经济命脉,是国民经济的主体。尽管中国推行社会主义市场经济体制后,开始强调政企分开,企业家不再简单地等同于党政官员,但事实上,国家企业管理者还属于"体制内的人",直接或间接地履行着"官"的类似作用。全国最重要的国有企业的主要管理人员,还属于中央组织部管理的高级干部，亦即所谓的"中管干部"。民营企业家才是市场意义上的真正商人，因此，在中国，政府与民商的关系，典型地体现着中国特色的"政商关系"。作者研究"民商"与政治的关系，其实就是研究中国特色的政商关系，或者说是中国特色的"市场与政治"的关系。

对中国特色的政商关系的研究不乏其人，不仅国内的许多学者在从事这个领域的研究，而且国外也有不少专家在研究这类问题。在国外学者中，德国著名中国问题专家托马斯·海贝勒教授就长期研究中国民营企业家与政治的关系。近些年中，他几乎每年都要花大量时间在中国各地就这一专题进行实地调研，发表了不少在海内外都很有影响的论著。例如，在21世纪初他就用德文出版了《作为战略群体的企业家：中国私营企业家的社会与政治功能研究》，此书在2003年有了中文版，至今仍是这一领域中的权威性作品。托马斯·海贝勒教授在读完张伟博士这部书稿后，给予了高度的评价。他说："毋庸置疑，这是当前研究中国民商及其政治角色的最好学术专著之一"。我对政商关系没有专门的研究，因而也不能从专业的角度对张伟博士的这本著作做出评价。但是我相信托马斯·海贝勒教授的评价是中肯的，因为作为海贝勒教授的朋友，我知道他是一位严肃的学者。

正如张伟博士《市场与政治：中国民商阶层脸谱》一书发人深省的结论所言："寄希望于民商推动制度变革是不切实际的乐观期待，市场民主注定是个神话"。

（本文为作者为张伟博士《市场与政治：中国民商阶层脸谱》
一书所作的序言，有删改。）

中国公共管理的新变化

公共管理是中国在改革开放后扩展最为迅速的学科之一。改革开放前，只有极少数工科大学设有管理学科，而现在共有584所大学设有管理学系和管理学院，其中83所大学具有公共管理专业硕士学位(MPA)授予权，设有公共管理专业本科生培养计划的大学则更多。许多大学的公共管理学科建立了完整的本科生、研究生和博士生三级教学和专业人才培养体系；包括新公共管理理论在内的西方前沿学术大量地走进了中国的管理学讲堂；大量西方管理学的名著和教材有了相应的中文版；每年都会有不少西方的公共管理学者被邀请到中国的大学进行访问和讲学；中国学者自己也发表了众多的公共管理学专著，内容涉及公共政策、公共行政、公共财政、公共卫生、公共安全、公共事业、人事管理、危机管理、环境管理等。

公共管理学科这些变化，从一个方面深刻地反映了中国社会在改革开放后所发生的巨大变化。改革开放后，中国的经济逐渐从计划体制转变为市场体制；在政治上，随着中国共产党开始从革命党转变为执政党，政治过程的重心也慢慢地从统治走向治理；全球化时代的来临又加速了中国社会走向市场经济和民主政治的步伐。这些社会政治的重大变迁,直接引发了公共管理领域的重大变革。

改革开放使中国社会从一个革命的时代走进一个管理的时代。公共管理在社会生活中的作用越来越突出,在中国,公共部门相对于其他社会部门而言,有着压倒性的优势。中国的公共管理部门由政府机关、党的机关、国有事业单位和官办的社会团体等四大类组成,共有1053万人,是世界上数量和规模最庞大的公共管理部门。虽然历届政府都强调有缩小和精简公共部门的人数,但事实上它一直处于膨胀之中。这个庞大的部门掌握着社会最重要的政治和经济权力,吸引了众多的社会精英。由于公共部门在社会政治生活中的特殊重要性,对公共管理的研究也在近些年迅速崛起,不仅从原先的政治学、经济学和社会学中独立出来,形成一门独立的学科,而且其地位变得相当重要,成为社会科学中的一门显学。

从过去10多年的中国公共管理发展历程中,我们可以见证许多令人鼓舞的改革举措,从中也可以发现一些值得充分肯定的趋势。首先,公共管理正在变得日益专业化,公共管理人员在中国事实上已经成为一个相当独立的职业阶层。政府对公共部门的管理人员提出了明确的专业要求,从人员的录用,绩效的考核,职务的晋升,都建立了相应的专业标准。例如,进入公共管理领域的职员,必须首先经过国家组织的公务员资格考试。其次,公共管理走进了法治的轨道,建设法治政府成为中国政府的重要目标。近年来,中国通过了一系列重要的法律,对公共部门实行依法管理。例如,《行政许可法》、《行政诉讼法》、《国家赔偿法》以及《公务员法》等,公共管理的法律体系已经初步形成。其三,扩大公共服务范围,提高公共服务的质量。近年来,中国政府提出了建立服务政府的要求,并且采取了一系列个体措施,改善公共服务的质量。例如,简化行政审批手续,放松行政管制,推行一站式服务等。其四,增强公共服务部门的责任。在各级政府中广泛推行的"首问责任制"、"服务承诺制"、"责任追究制"等,都是迈向责任政府的具体表现。其五,提高公共管理的效率。一些地方政府甚至把提高行政效率的改革称之为"效能革命"。其六,增强公共管理的透明度。中国政府把政务公共当作行政改革的重要任务,中央政府专门成立了"全国政务公开领导小组",督促公共管理的透明化。近年来出台的"政策公示制度"、"信息公开条例"、"政府新闻发言人制度"等,都是提高公共管理活动透明程度的重要步骤。所有这些公共管理领域的改革和进步,都反映出了中国公共管理变化的三个趋势,即公共管理活动的民主化、法治化和科学化。

然而,中国的公共管理也存在着许多严重的问题。公共部门的腐败现象相当普遍;公共服务的质量较差;公共管理的成本居高不下;公共管理的效率普遍低下;公共管理职能划分不当,职责不清的现象相当严重;政出多门、重复管理和无人管理的情况同时并存;政府的公共管理与党的政治管理之间界限模糊不清,等等。与此相适应,从总体上说,我们对公共管理的研究还比较落后,学术化程度不高。在研究方法上,要么比较陈旧,要么简单运用西方方法分析中国现实,研究难以深入;在理论建构上,对西方公共管理理论介绍较多,但对中国公共管理实践的理论概括较少;在应用研究方面,许多对策建议过于理想化,缺乏针对性和可行性。无论是公共管理改革的经验和规律,还是存在着的问题和教训,都需要公共管理学者严肃而深入的研究。

(本文为作者为英文版《公共管理学报》所作的序言,有删改。)

理解当代中国的关键

　　改革开放不仅深刻地改变了中国的历史进程,也极大地改变着世界历史的进程。在今天,中国的兴起已经成为影响全球治理和世界格局的最重要因素之一,这一点几乎已经无可争议。中国共产党是中国唯一的执政党,牢牢掌握着中国的核心政治权力和经济权力,是中国改革开放事业和现代化事业无可争辩的领导核心。做好中国的事情,关键在中国共产党;同样,中国未来的前景如何,关键也在中国共产党。这一点不仅是中国领导人的共识,也是中国学者的共识,并且正在日益成为国际社会的共识。因而,我曾经多次对国际友人说过:欲了解当代世界,就要了解当代中国;欲了解当代中国,就要了解当今的中国共产党。

　　2014 年 3 月,有这么一次国际学术研讨会,会议的名称是"治理、适应与一党执政体制的稳定:比较的视野"。会议由中共中央编译局"全球治理与发展研究中心"与德国"中国治理研究协作网络"联合主办,由南昌大学承办。来自中国、德国、美国、英国、澳大利亚等国的数十名专家学者参加了会议。会议特地选择在南昌召开,是德国朋友的建议。他们认为,作为本次会议的主要研讨对象是中国共产党,她曾经在南昌建立了自己的第一支军队,并且早期一直在井冈山活动。一些德国友人要在会议期间上井冈山亲身体验一下中共初创时期的这个红色根据地,或许是他们希望能从中找到一些理解中国共产党的灵感吧。

　　这次研讨会的最大特点,就是会议的主题集中,但视野广阔。大家从多学科、多角度研讨中国共产党的治理能力,以及对当代中国政治发展的深远意义。参加这次研讨会的国际学者,不仅有像托马斯·海贝勒(Thomas Heberer)教授这样的著名中国问题专家,而且也有像亚当·普热斯基教授这样的比较政治学家和像约翰·基恩(John Keane)教授这样的政治哲学家;代表们提交的文章和所做的发言,不仅有宏观的政治分析,也有具体的案例研究。会议内容不仅涉及到了党与国家的关系、国家与社会的关系、中央与地方的关系,还涉及中国共产党的结构、功能、合法性、适应性、治理能力、执政方式和领导体制,以及当代中国的政治稳定、政府创新、社会治理、基层治理、公共服务和城市化进程。

　　一方面,中国的进步与发展同样要遵守人类社会发展的一般规律,中国引入确立社会主义的市场经济体制,努力发展社会主义民主法治,积极推进国家治理现代化,这些都体现了中国走在人类文明进步的大道上。另一方面,中国的进步与发展又深深地带有自身的特色,以至常常难以用西方已有的流行理论得以充分的解释。正如德方学者托马斯·海贝勒教授所说的那样:"政治学显然还没有发展起合适的工具和范畴,可以对像中国这样的威权政治体制的经济社会发展和稳定进行更细致的分类"。例如,亚当·普热斯基就认为,流行的"一党制国家"概念,就难以说明"为什么苏联失败了,而中国却兴盛了"。会上的有些观点,从流行的西方中国研究观点看,甚至有点"离经叛道"。例如,一方面,像西方主流观点一样,多数海外作者依然对中国的"发展主义"、极端民族主义和中共执政合法性保持着警惕;另一方面,有些学者则向中国和世界发出了另一种性质的警告:"推翻中共统治的结果或许很可能是政治动乱、精英内部的权力争斗、漫长的经济危机,甚至是法西斯专政或军事独裁。这不仅给亚洲,也会给全球体系和世界经济,带来严重的后果"。

　　我认为,敢于对中国研究中的流行理论和范式提出挑战,并且提出新的概念框架和分析视角,是该研讨会的最大特色。

　　　　　　　(本文为《中共的治理与适应:比较的视野》一书的序言,有删改。)

生态环境为何持续恶化

　　改革开放后重启的中国现代化事业,翻开了中国历史的新篇章,极大地改变了中国乃至世界历史的进程。改革开放36年来,中国人民的生活从整体上进入梦寐以求的"小康"阶段,国家也迅速崛起成为世界主要的经济和政治大国。然而,国人在享受现代化带来的甜蜜果实的同时,也品尝着环境恶化带来的苦涩后果。我们的现代化成就,特别是高速的经济增长,举世瞩目,但我们为现代化付出的沉重代价也日益难以为继。严重的大气污染、土壤污染、水污染、沙漠化、资源枯竭、生态失衡,已经直接影响人们的健康生活。环境恶化已经成为影响中国未来发展最严重的挑战之一,由环境问题引发的群体性冲突事件也已经成为影响社会稳定的主要因素之一。

　　从世界范围看,现代化进程中出现某种程度的环境恶化,带有一定的必然性,西方发达国家几乎都为此付出过沉重的代价。按理来说,发展中国家应当认真吸取发达国家的经验教训,避免它们环境恶化的前车之鉴。近代中国的许多先贤们,之所以摒弃资本主义发展模式,选择了社会主义制度,西方国家在现代化过程中对生态环境的破坏,应当是很重要的原因之一。令人痛心疾首的是,我们这些后继者们忘记了先贤们当年对早期资本主义的批判,重蹈了西方发达国家在环境保护方面的覆辙。其实,环境问题虽然跟宏观政治经济体制不无关系,但直接相关的却是国家的决策体制和治理体制。换言之,如果决策体制和治理体制不当,社会主义条件下照样会有穷山恶水;反之,如果决策体制和治理体制适当,资本主义条件下也会有青山绿水。

近年来,众多的环境治理研究者都试图回答这一问题:中央政府极其重视环境保护,制定和颁布了一系列环境保护法规,持续增大对环境保护的投入,中共中央还把生态文明与物质文明、政治文明、精神文明一道正式列为国家需要长期推进的四大文明之一,把环境保护与计划生育一道列为基本国策,对各级领导干部实行了最为严厉的"一票否决制"。在这样的背景下,为何生态环境依然在长时期中持续恶化?

在我看来,著作《中国地方环境政治》为回答这一问题提供了一种新的视角:地方政府的政策执行偏差。"政策执行偏差"有五个方面,即决策模式、权力结构、激励机制、公众参与和全球化进程。从相当程度上说,该书的分析以及由此得出的结论是令人信服的,这可能得益于以下两个原因。一是引入了政策执行研究的方法,力图避免"集权—分权"方法的偏差,从而使环境问题的研究更加具体化和过程化;二是该书的田野调查基础。尽管本书更多的是宏观的政策分析,但就我所知,作者冉冉博士早些年曾经做过许多生态治理方面的实地调研,这使她对中国的生态环境具有一种一般学者难得拥有的"现实感"。

(本文为《中国地方环境政治: 政策与执行之间的距离》一书的序言,有删改。)

说政治

    一种良好的政治制度,可以使政府享有足够的权威,同时公民也享有充分的自由。一个有足够权威的政府,是维持社会政治稳定的基本条件之一,没有社会政治的稳定,人民就不能安居乐业,就难以发展经济,社会的物质利益就不能正常地增长。而人一旦失去自由的创造性,就有使自己降低到一般动物水平的危险,即只有基本物欲的需求和满足,而没有个性和人格的发展。

有必要进行政治学研究吗

  一位当代学者曾对经济学、政治学和伦理学作了一个非常形象的区分。他说，经济学主要关注如何以最少的成本取得最大的利益，所以，经济学的支点是价值的生产；政治学关心的是如何分配那些业已由经济活动生产出来的利益，所以，政治学的支点是价值的分配；伦理学则关心通过政治活动所分配的利益是否公正，所以，伦理学的支点是价值的评估。这种区分不一定十分准确，但它确实道出了一个基本事实：政治事关利益的分配，对社会价值在不同的个人和不同的群体中的配置起着关键性的作用。当社会的资源相对稀缺，利益的生产成为社会活动的首要任务时，经济往往容易受到人们的优先关注；而当利益生产出来后，利益的分配成为社会最紧迫的任务时，政治便常常引起人们的集中关注。当然，利益的生产和分配是不可分割的过程，生产是重点或者分配是重点也是相对而言的，所以，政治和经济始终处于互动状态，这种交互作用构成了社会发展过程的一个基本内容。

  利益的分配不是一件简单的事。每个人都有自己的利益，每个团体都有自己的利益，每个人的所作所为都直接或间接地与他的利益有关。正如马克思所说：人们所奋斗争取的一切都与他们的利益相关。当然这里所说的利益决不局限于物质利益，也包括政治和精神利益；不仅包括低级的物欲，也包括高尚的荣誉。个人与个人之间，群体与群体之间，在利益上必然有着这样或那样的矛盾和冲突。如果对这些矛盾和冲突不加以调节和规范，任其自由发展，那么，像17世纪著名的自然权利论者和社会契约论者霍布斯所说的那样，人类社会最终就会进入一种可怕的"每个人与每个人的战争状态"；或者像恩格斯所说的那样，社会就会在无谓的利益冲突中逐渐消亡。

　　如何才能避免社会的无谓消亡，或者说，避免社会进入"每个人与每个人的战争状态"？这就需要一个权威性的机构，由它来制定一系列的强制性规范。这些规范规定：将由哪些人，根据什么原则，来组成这样一个权威机构；这个权威机构的运行规则是什么，它的内部结构是怎样的；怎样才能使这个权威机构最有效地运转；社会中有哪些利益可供分配；诸如财产、金钱、地位、权力、自由、平等这些基本的利益分别将分配给谁，根据什么原则；谁应当得到更多的利益，谁应当得到更少的利益，谁应当被剥夺利益；谁应当得到物质利益，谁应当得到政治利益，谁应当得到精神利益，或谁应当兼而有之，它们的比例如何；分配这些利益的程序和标准是什么；什么是长远利益和公共利益；如何一方面促进公共利益和长远利益，另一方面又最少限度地不损害个人利益和近期利益等等。这样一个权威机构和这样的一系列强制性规范，对于任何文明社会的存在和发展都是不可或缺的。这个权威机构，我们叫作国家；这一系列强制性的规范，我们叫作国家的政治制度。

　　人们往往首先注意到国家的政治制度对社会利益的生产和增长的重要意义，并以此来判定一种政治制度的好坏。这无疑是极有道理的。一种良好的政治制度,可以使政府享有足够的权威,同时公民也享有充分的自由。一个有足够权威的政府,是维持社会政治稳定的基本条件之一,没有社会政治的稳定,人民就不能安居乐业,就难以发展经济,社会的物质利益就不能正常地增长。如果只有政府的权威而绝大多数公民没有足够的自由,那么,他们就会缺少生产物质利益的积极性和进行科学技术革新的创造性,最终也将阻碍社会经济的发展,不利于物质利益的增长;而人一旦失去自由的创造性,就有使自己降低到一般动物水平的危险,即只有基本物欲的需求和满足,而没有个性和人格的发展。马克思主义把政治制度对经济发展的这种关系称作上层建筑对经济基础的反作用。它把政治制度当作社会的上层建筑,把物质关系当作社会的经济基础,并认为两者的关系是:经济基础最终决定上层建筑,上层建筑必须与经济基础相适应;但上层建筑对经济基础有着重大的反作用,这种反作用的方向可以是截然相反的。当相对于当时的社会经济发展水平来说国家拥有良好的政治制度时,它就会促进社会经济的发展,反之,它就阻碍社会经济的发展。

　　除了是否有利于物质利益的增长之外,判断政治制度的好坏还有另一个同等重要的基本标准,这就是,对社会利益的分配是否公正。事实上,政治对经济的上述反作用并非是直接的,而是间接的,它通过一系列的中介环节起作用。因为对物质利益的生产和分配负直接责任的,或者说对效率负直接责任的,毕竟不是政治制度,而是经济制度;政治制度所负的直接责任是根本利益的分配和再分配,或者说是社会的公正。正因为这样,政治制度的好坏与经济利益的增长就不能简单地、绝对地划等号。换言之,一种不好的甚至很坏的政治制度也可能在相当长的一段时间内维持经济的高速增长。这样的事例在人类历史上并不罕见,第二次世界大战前的德国就是明显的一例,希特勒的德国当时在国内推行法西斯的专制统治,这是人类有史以来公认的最坏的政治制度之一,但其国内经济在短期内却仍然迅速增长。

其实,马克思对资本主义政治制度的批判也是建立在效率和公正这两个基本标准之上的。在马克思眼中,资本主义政治制度是一种罪恶的政治制度,这不仅是因为这种政治制度最终阻碍社会生产力的发展,即不利于效率;而且也是因为这种制度在根本利益分配上的极不公正。翻读马克思的著作,到处可以看到他对资本主义政治制度种种源于不公正的罪恶的无情揭露和批判。在这里,不公正不是简单地指物质利益分配的不公,它含有极其丰富的意义:财富分配的不均,政治上的不平等,自由平等等基本人权的缺乏,个性的抑制,人的异化,等等,等等。

政治和政治制度对社会发展的极端重要性,以政治为业的政治家们看得更清楚。不说别的,单说我们所熟习的几条经典语录就足以为证。列宁说:"政治与经济相比不得不占首位"、"政治是经济的集中表现";毛泽东说:"政治是统帅,是灵魂,是一切工作的生命线"。另一些人则从另一个极端来肯定政治对社会生活的决定性作用:他们把社会的一切罪恶都归结于政治制度。他们认为,社会要发展,人民要幸福,就必须废除政府,摧毁所有政治制度。这些人通常被称为无政府主义者,如戈德温(William Godwin)和克鲁泡特金(Kropotkin)等人。

由于国家及其政治制度对人类社会的存在与发展,以及对人类本身的生活状况具有如此至关重要的意义,所以人类很早就开始对它进行系统的研究。长期以来,人们把系统地研究国家及其政治制度的学问,叫作政治学。政治学是人类最古老的学问之一。距今2 300多年前,即公元前300多年,古希腊最伟大的思想家亚里士多德(Aristotle)就写了一部题为《政治学》的名著。《政治学》的基本内容就是对当时希腊城邦国家的各种政治制度进行比较研究,试图发现最理想的国家制度。亚里士多德说,伦理学研究的是个人的善,政治学研究的是群体的善,或者说是公共的善和公共利益。群体的善和利益是最高的善和最高的利益,所以政治学是最重要的科学,是科学之王。其实,比亚里士多德更早一点的另一位古希腊大哲学家柏拉图(Plato)也系统地研究了"什么是最好的国家政治制度"这个问题,并在一本叫作《理想国》的著作中对此作了全面的回答。到了近现代,许多著名的政治学家仍然不约而同地以"国家制度的研究"来定义政治学。美国政治学家迦纳(I. W. Garner)在他那部20世纪三四十年代曾风靡世界的《政治学大全》中表达了当时绝大多数政治学家的共同思想:政治学就是关于国家政治制度的学问,它始于国家,终于国家。

　　政治制度的研究在政治学中的核心地位在第二次世界大战后的西方学术界曾出现过暂时的动摇。20世纪50年代后,在以美国为首的西方政治学界,出现了一大批后来被称为行为主义学派的政治学家,他们对以国家制度为基本内容的传统政治学提出了激烈的批评。他们认为,传统政治学把国家的政治制度作为研究的核心和基本对象,只对国家的制度作静态的描述,这不仅极大地限制了研究者的视野,而且使政治学研究带上了严重的价值偏向,无法使其"科学化"。行为主义政治学家并不反对政治科学的研究,而是呼吁将政治学研究的重心从国家制度转移到政治行为上来。但是很快他们就发现,把国家制度从政治学的核心内容中排除出去,不仅会使政治学研究失去其应有的理论价值,而且将失去其实践价值,使政治学研究变得毫无意义。所以,从 20 世纪 70 年代后,随着所谓"后行为主义政治学"的兴起,国家制度又再度成为西方政治学的核心内容之一。

千百年来,思想家和政治学家通过对政治制度和政治行为的研究,发现了许多重要的政治发展规律,积累了丰富的政治科学知识,对人类不断改进自己的政治制度,从而推动社会的进步,作出了巨大的贡献。一切理智的和有责任心的政治学家和政治思想家都认识到:马克思所倡导的个性的解放和自由人的联合体,以及人类的尊严、自由、平等都是人类的基本价值;要实现和维护人类的这些基本价值,没有一套合适的政治制度是根本不可能的;在一种不良的政治制度下,纵使有悲天悯人正直无私的政治家和公民,最终也难免走向暴政和独裁,更不肖说在专制政治制度下;而一旦出现独裁、暴政或苛政,那么,个人的自由、平等、尊严等民主权利就不可能有真正的保障;到现在为止,有效抑制独裁和暴政的最合适的政治制度是民主政治。为此,政治思想家和政治学家从各自的立场出发,设计出了各种各样的民主政治制度,所有这些都应当看作是人类政治知识宝库中的财富。

非常不幸的是,对于政治学这样重要的一门科学,20 世纪 50年代后我们竟把它取消了,直到改革开放以后才得以恢复。在这么长的时间内,而且是在对新中国来说这么重要的一个时期内,不但不鼓励而且不允许人们去研究政治学。于是,原先研究政治学的人被迫改换专业,其他人则唯恐躲之不及。结果是,政治学的基本知识得不到普及,许多人不知道民主是什么。例如,我们几乎天天听到或看到我们国家的称号,即"中华人民共和国",但是,当我们在一次问卷调查中问道"什么是'人民共和国'"时，多数人居然不能正确回答这一问题。什么是"人民共和国"？它的基本意义就是：国家的领导人由人民自己通过自由、公正的选举产生。一般公民对国外政治制度的知识更少得可怜，即使对大多数知识分子来讲，也仅仅知道"三权分立"、"轮流执政"等概念而已。

我们有必要进行政治学研究吗？有过"文化大革命"的惨痛经历后，我想对于任何一个善于吸取历史教训的人来说，回答无疑是肯定的。邓小平在十一届三中全会后提出，政治学要尽快补课，它代表了我们党对作为一门科学的政治学态度。我们有必要知道当代世界其他国家的政治体制吗？回答也是肯定的。因为我们有必要学习人类文明的一切优秀成果，其中当然也包括政治文明的优秀成果。事实上，近代中国在政治上的巨大进步，就得益于这种学习。中国几千年的封建历史，留给我们的是专制主义的政治传统，而我们现在实行的是民主政治，这种主权在人民而不在君主的民主制度就是向外国学来的；我们现在推行的社会主义基本制度，也是向从外国学来的，毛泽东说，"十月革命一声炮响，给我们送来了马克思主义"，从而就有了今天的社会主义；我们现在坚持的中国共产党的领导体制，最初也是从列宁和斯大林的苏联学来的。所以，说政治制度不用学习，实在是一种欺人之谈。

学习不等于照搬。我们从来重视学习，而反对照抄照搬，尤其是在政治制度上。每个国家有每个国家自己特定的历史文化传统和社会经济背景，照抄照搬别国的政治制度，必然不会有好结果。纵使一套政治制度在某个国家效果很好，原封不动搬到别国后，就很难有原先的效果。比方说，有红、黄、蓝三张玻璃纸，在红色玻璃纸上叠上黄色玻璃纸，得到的不再是红色或黄色，而是橙色；红色玻璃纸上叠上蓝色玻璃纸就变成了紫色;蓝色玻璃纸上叠上黄色玻璃纸就变成了绿色。任何两种颜色的玻璃纸相叠,原先的颜色(效果)不复存在,出现的是一种新的颜色(效果)。

把反对照抄照搬外国的政治制度,歪曲为一概反对学习和借鉴,与一讲学习国外的制度就歪曲为完全的照抄照搬一样,是十分庸俗的和不负责任的做法。我们应当学习和借鉴国外一切先进的和合理的东西,包括国外的政治文明;因为每一种政治文明中都可能包含着某些人类共同的基本价值,如自由、平等、民主,以及保护这些基本价值的共同制度,如对权力的制约机制,对公民权利的保护机制,等等。但是,这种学习和借鉴必须根据我国的具体国情,与我国的实际情况有机地结合起来。

人民代表大会制度是我国的根本政治制度,是具有中国特色的民主制度。我国的这种根本性政治制度,就是根据我国的具体国情学习外国合理的政治制度的一个范例。人民代表大会是一种现代民主制度,我国政治传统中没有民主制度,民主制度是从国外学来的;但国外没有哪一个国家有人民代表大会制度这样的民主政治形式,这是与中国具体实际政治现实相结合的结果。因此,这是一种具有中国特色的民主政治制度。然而,人民代表大会制度作为我国的根本民主制度,又需要进一步完善,这就又对我们提出了如何根据我国的具体政治现实去学习、借鉴和批判外国政治制度的问题。

学习、借鉴和批判外国的政治制度,起码的前提就是对这些制度要有一个全面的了解。改革开放是我国的基本国策,真正的改革开放首先必须全面地了解当代世界的各种政治、经济和文化发展,唯有在全面了解的基础上才能有比较有鉴别地吸取其精华剔除其糟粕。这些年来,我们对国外的经济和文化已多有介绍,相对来说对国外政治制度的介绍则少得多。改革开放的不断深入,要求我们系统地全面地了解当今国外的各种政治制度,这不仅是因为学习、借鉴和批判外国的政治制度的需要,也是因为经济和政治在任何国家都是难分难离的,不懂得一个国家的政治体制,就很难真正懂得其经济体制,也不利于制订有效的对外政策,在全球化的时代尤其如此。正是出于改革开放的实际需要和政治学发展的学术需要,我们呼吁加强对当代世界各国政治制度的比较研究。

（本文为《世界各国政治制度》一书的总序，有删改。）

权力制约的五条途径

大约七八年前,有位中央领导在座谈时问我,如何看待国内的腐败状况,是否已到了巅峰?我当时回答说,这么严重的腐败应当到了巅峰,相信会开始回落。那时我乐观地认为,既然中央领导、普通民众和知识分子都如此痛恨腐败,而且有关部门每年都出台这么多廉政规定,惩处这么多腐败官员,还有什么理由遏制不住腐败呢?但事实证明,我的预计过于乐观了。不仅严重的腐败一直在高位运行,而且更可怕的是,某些官员的腐败开始转变为官员的特权。人民群众如此深恶痛绝的腐败特权现象,为什么得不到有效的遏制呢?这恐怕是每一位研究中国政治的学者都不得不反复思考的问题。

理想信念的缺失,个人贪欲的膨胀,"升官发财"等文化传统的影响,无疑都是造成官员腐败的重要原因。但我始终认为,最根本的原因,不是官员的个人素质和理想信念,而是制度环境和政治生态,即我们的权力制约制度和监督制度还存在着严重的缺失。毫无疑问,我们需要继续对领导干部进行理想信念教育,提高他们的素质修养,但更需要的是健全制度,用制度打造权力的笼子,让权力在阳光下运行,将权力关进制度的笼子里。

　　严重的官员腐败损害政府的公信力,增大经济交易成本,污浊社会风气,被称为世界性的"政治之癌"。遏制和消除官员的腐败特权,是人类社会共同的任务。"绝对的权力导致绝对的腐败",被认为是政治的公理,制约权力也因而被当作是反腐败的关键所在。尽管人类至今仍没有发明一种十全十美的制度,可以真正消除腐败特权,但相对而言,人类的政治经验已经证明,民主法治是遏制腐败最有效的制度。近代西方的民主、宪政、法治,在很大程度上就是为了制约权力而发展起来的。在制约权力方面,我们需要从中国传统政治吸取智慧,但更需要从人类其他政治文明中吸取智慧。原因很简单,因为传统中国没有民主法治,而恰恰只有民主法治才能走出传统中国"其兴也勃焉,其亡也忽焉"的政权更替定律。

　　中共十八大一如既往地强调,要走中国特色的社会主义政治发展道路,"绝不照搬西方的政治制度模式"。这当然包括不照搬西方的权力制衡和监督制度,其实即使西方各国之间也鲜有相互"照搬"的,何况我们中国?然而在我看来,"不照搬西方的政治制度模式",既不意味着我们中国官员的权力就不需要制约,也不意味着我们就不用学习借鉴人类政治文明的有益成果。相反,中共十八大报告明确指出,我们要"积极借鉴人类政治文明有益成果",这当然包括西方国家在权力制约方面的有益成果。从人类政治发展的规律和经验来看,要有效制约包括国家最高掌权者在内的官员权力,主要有五条途径。首先是改革完善官员的选举和罢免制度,给高素质的政治精英以权力,使失职官员的权力及时得以罢免。其次,要进行合理的分权,对权力合理分工,有效制约。第三是改革干部的责任体制,建立有效的官员问责制度。第四,就是政务透明,让权力在阳光下运行,特别是重大决策过程要透明,官员的财产等基本信息要公开，要让公众有充分的知情权。第五是构筑廉政体系，使对官员权力的监督形成一个闭合系统，对关键环节的权力监督不缺失。尤其是对各级政权中的第一把手必须设置有效的监督，没有对第一把手权力的有效监督，整个权力监督体系势必如"牛栏关猫"，漏洞百出。

如何打造制度的笼子，有效管住官员的权力，是中国政治家的重大责任，也是中国政治学者的重大课题。

（本文为《权力制约监督论》一书的序言，有删改。）

小论中国政府能力

我们常说,一个人要对社会做出更多的贡献,不光要有内在的动机,而且要有相应的本领。也就是说,不仅要有动力,还要有能力。其实,对于一个政府来说,情况也同样如此。一个现代的民主政府,要得到绝大多数公民的真正拥护,除了必须拥有执政为民的宗旨外,还需要很强的政府能力。在专制政治下,政府能力的强弱主要关系到统治阶级自身的利益,与普通群众的关系不是很大;而在民主政治下,政府能力的强弱则与每一个公民的利益休戚相关,理应引起学者的更多关注。

我们已经处在一个全球化的时代。全球化是一个整体性的社会历史变迁过程,其基本特征就是,在经济一体化的基础上,世界范围内产生一种内在的、不可分离的和日益加强的相互联系。全球化首先表现为经济的一体化,但经济生活的全球化必然对包括政治生活和文化生活在内的全部社会生活产生深刻的影响。全球化对政治价值、政治观念、政治行为、政治规范、政治结构、政治权力、政治机制和政治过程的深刻影响,直接构成了对国家主权和政府能力的严重挑战。

全球化对政府能力的挑战是全方位的。全球化改变了人们关于政府能力的传统理念，更多地要求我们从动态中去理解政府能力；全球化改变了人们评判政府能力的标准，更多地要求我们从公民利益和人类利益的角度去评价政府能力的强弱；全球化更新了政府能力的内涵，政府能力不仅体现为"硬能力"，同样体现为"软能力"；全球化大大拓展了政府能力的范围，要求政府更多地关注外部环境，处理国际事务；全球化时代是一个充满风险的时代，从而凸显了政府的应急处变能力和风险管理能力；全球化也革新了政府提高行政能力的手段，政府管理水平的高低与政府管理过程中先进科学技术的运用程度更加紧密地联系在一起。

全球化对我国政府能力的挑战，甚至比对西方发达国家的挑战更加严重，因为我国的政府管理体制正在经受全球化、现代化和市场经济的多重冲击。因此，加强对政府能力问题的研究，努力提高政府管理能力，对于我国来说，其理论意义和现实意义尤为明显。首先，它会使我们更加清楚，我国的政府管理究竟存在哪些问题？面临何种挑战？需要做哪些改革？其次，它有助于中国共产党提高执政能力。提高党的执政能力，是中共十六届四中全会确立的政治发展目标，政府能力是执政能力的基本内容。任何改善政府能力的有益建议，实际上也是对提高党的执政能力的理论贡献。其三，它有助于实现新一届中央政府提出的建立服务政府的目标。服务政府的基本要求之一，就是要使政府为公民提供更多高质量的公共产品，而政府提供公共服务和公共产品的能力也正是政府能力的重要内涵。其四，它有助于实现全球化条件下政府的"善政"。"仁政"、"善政"一直是政府管理的理想目标，拥有很强的政府能力始终是"善政"不可或缺的内容。最后，它有助于提高综合国力，增强我国的国际竞争力。政府管理能力是全球化时

代综合国力的重要组成部分,增强政府能力是提高综合国力的主
要途径之一。

　　　　　　（本文为《经济全球化与中国政府能力》一书的序言,有删改。）

何谓政治哲学

从最一般的意义上说,政治学是关于人类社会政治现象和政治发展规律的系统知识。政治学通常又称为政治理论、政治科学、国家的理论与国家法、政治与国际关系学、宪政学、社会行政管理学、政治策略学等。一般地说这样称未尝不可,但从严格意义上说它们是有区别的。例如,广义的政治科学就是开头所界定的政治学,但狭义的政治科学则是指现代才发展起来的作为一门独立学科的政治学,它着重于借助科学的实证方法,以经验事实材料为基础去探究政治逻辑。本书所说的是广义的政治学。

政治学是人类最古老的学问之一。由于它与统治阶级的政治利益有着最密切的关系,所以自从人类社会出现政治现象之后,它就逐渐产生了,并且一直受到统治阶级的高度重视。在所有政治现象中,国家及其政治制度对人类社会的存在与发展,以及对人类本身的生活状况有着特别重要的意义,所以传统意义上的政治学,主要是关于国家及其制度的学问。从西方政治学说史看,距今2300多年前,即公元300多年前,古希腊最伟大的思想家们亚里士多德就对政治现象有了比较系统的研究和认识,发表了一部题为《政治学》的名著。《政治学》的主要内容就是对当时希腊城邦国家的各种政治制度进行比较研究,试图发现最理想的国家制度。其实,比亚里士多德更早一点的另一位古希腊伟大思想家柏拉图也系统地研究了"什么是最好的国家政治制度"这个问题,并在一本名叫《理想国》的著作中对此作出了全面的回答。

政治学在历史上有着极其重要的地位。由于政治现象在社会现象中最引人注目,以此为对象的政治学也就成为最重要的人类知识领域之一。历史上所有伟大的思想家几乎都涉及政治学理论问题,绝大多数思想家本身就是杰出的政治学家或政治思想家。许多思想家甚至把政治学称作最重要的科学,如亚里士多德曾经把政治学看成是"主要科学",布丹(Jean Bodin)认为政治学是"科学之王子"。由于政治学在社会科学中占有重要地位,在漫长的历史发展过程中,它一直与哲学、伦理学、文学等交织在一起,经久不衰,曾经产生过众多的名著。

由于政治学与现实政治休戚相关,随着政治现实的变迁,政治学也一直处于变动发展之中。西方的政治学在不同的历史时期发生了实质性的重大变迁,先后经历了明显不同的几个发展阶段。

古希腊、罗马的政治学是西方政治学的第一个发展阶段,是政治学的始创阶段,它为整个西方政治学的发展奠定了基础。这个阶段最著名的政治学家是古希腊的柏拉图、亚里士多德和古罗马的西塞罗(Marcus Tullius Cicero)、奥古斯丁(Augustine of Hippo)。在柏拉图的《理想国》、亚里士多德的《政治学》和西塞罗的《论共和国》等著作中,作者们把奴隶主贵族制国家当作理想的政治制度,把基于分工之上的等级秩序当作最高的政治价值,把不平等的政治秩序看作是"正义"、"自然理性"的体现。在古希腊罗马的政治学中,世俗性和神学性奇特地混合在一起,几乎在每一个政治学家身上都可以看到这种双重性。不过,随着时间的推移,世俗性日益让位于神学性,到了古罗马的奥古斯丁那里,政治学中的世俗因素几乎荡然无存,代之而起的是神学的政治学,他的《上帝之城》向人们展示了一条通向天国的"至善至德"之路。

中世纪的政治学是西方政治学的第二个发展阶段,其显著特征是神学性,因而又称之为"神学政治理论",它的集大成者是阿奎那(Thomas Aquinas)。在《神学大全》中,阿奎那把封建的等级秩序和君主政治加以神化,把它当作神圣的政治制度和政治价值。与他的基督教神学思想一致,他把国家的统一与和平看作是最高的"善",把维护和保障国家统一与社会福利的政治行为当作"正义",把心甘情愿服从既定的等级秩序和法律制度的行为看作"德行"。阿奎那的政治学是对亚里士多德和奥古斯丁思想的调和与发展。他不但把奥古斯丁的神学政治观推到了极致,而且也大大推进了亚里士多德的许多政治学观点,对近代西方的政治学产生了重大的影响。例如,他关于"自然理性"和"自然法"的思想实际上构成了近代西方自然权利说的重要理论来源。

宗教改革和文艺复兴时期的政治学是西方政治学的第三个发展阶段,标志着西方政治学从封建主义向资本主义的过渡,其主要代表人物是意大利的马基雅维利(Machiavelli)、英国的莫尔(St. Thomas More)和法国的布丹。这个时期政治学的根本特征是它的世俗性,西方政治学在这个阶段基本上走完了从天国到尘世的历程。在马基雅维利《君主论》和布丹的《国家六论》中,我们可以清楚地看到:人,第一次成了政治学的出发点和核心。君主握有至高无上的主权的专制制度成了大多数政治学家心目中完美的国家制度,国家主权的完整性和绝对性开始成为政治学家进行政治评价的重要标准。但是另一方面,少数敏锐的思想家已经预感到资本主义制度的内在矛盾,开始探索超越资本主义的理想社会,莫尔的《乌托邦》是这一思想的最杰出代表。

近代资本主义的政治学是西方政治学的极盛时期。多数西方不朽的政治学名著涌现于这一时期,其中有格劳秀斯(Hugo Grotius)的《战争与和平法》、斯宾诺莎(Spinoza)的《神学政治论》、霍布斯(Thomas Hobbes)的《利维坦》、洛克(John Locke)的《政府论》、哈林顿(James Harrington)的《大洋国》、孟德斯鸠的《论法的精神》、卢梭(Jean-Jacques Rousseau)的《社会契约论》、伯克(Edmund Burke)的《法国革命论》、杰斐逊(Thomas Jefferson)等人的《独立宣言》、潘恩(Thomas Paine)的《人权论》、汉密尔顿(Alexander Hamilton)等人的《联邦党人文集》、托克维尔(Tocqueville)的《论美国的民主》、黑格尔(Hegel)的《法哲学原理》、边沁(Jereny Bentham)的《道德与立法原理》、穆勒(J. S. Mill)的《代议制政府》、戈德温(William Godwin)的《政治正义论》、巴枯宁(Mikhail Bakunin)的《国家制度与无政府状态》、尼采(Friedrich Nietzsche)的《查拉图斯如是说》等。绝大多数政治学家高举"主权在民"或"民主"的旗帜,把"自由"、"平等"、"人权"当作人人天赋的"自然权利",把尊重和保护这些自然权利看作是统治者和政府的"理性"或"自然法",是否具有这种"理性"或"自然法"成了判断政治家和政府善恶的基本标准。在绝大多数政治学家看来,只有推行三权分立和代议民主的共和政治,才能真正实现主权在民的根本宗旨。因此,民主共和国几乎是当时政治学家的共同理想,而自由、平等、福利、正义则是他们追求的最高政治价值。这些近代政治学家把资产阶级的阶级权利当作全人类普遍的自然权利,把代议民主当作全人类最好的政治制度,他们自觉地或不自觉地用超阶级的、抽象的形式表达了资产阶级的政治要求。但是,由于他们各自所处的时代背景、个人经历和具体的阶级利益不同,他们当中的一些人强调自由的价值,而被称为自由主义者;一些人强调秩序的价值,而被称为保守主义者;一些人强调国家的权威,而被称为国家主义者;一些人强调国家的罪恶,而被称为无政府主义者;一些人强调未来"乌托邦"理想社会的价值,而被称为空想社会主义者。所有这些政治学流派不仅对当时的现实政治产生了巨大的影响,而且它们的影响至今仍然存在。

马克思主义政治学也是19世纪中叶资本主义发展的产物。在《黑格尔法哲学批判》、《德意志意识形态》和《共产党宣言》等著作中,马克思和恩格斯用历史唯物主义方法分析社会政治生活,实现了政治学说史上的革命性变革。马克思主义政治学的革命性主要表现在两个方面。首先是它把政治与经济紧密地联系起来,认为政治是经济的产物,最终是为经济服务的。任何政治权利和政治制度都是建立在一定经济基础之上的上层建筑,它们归根结底取决于统治阶级的利益。在经济最终决定政治的前提下,政治也对经济产生反作用,极大地影响经济的发展。其次是它的阶级性,马克思恩格斯认为,从来就不存在抽象的民主、自由、平等。国家是统治阶级的工具,代议民主不过是资产阶级最好的政治外壳,而自由平等则是资产阶级的阶级特权。资本主义的民主、自由、平等是极少数人的民主、自由、平等,是以绝大多数人民群众的被压迫、被奴役为代价的。要实现真正的自由、民主、平等,就必须推翻资产阶级的统治,实现无阶级、无剥削、无压迫的社会主义制度和共产主义制度。在马克思恩格斯看来,社会主义战胜资本主义是历史发展的必然规律；劳动人民的民主、自由、平等、人权是最高的政治价值；实现人性完全复归、人权彻底实现的"自由人联合体"——共产主义社会则是人民群众的政治理想。

政治学的命运在现当代西方世界经历了戏剧性的变化。19世纪末20世纪初，西方政治学开始作为一门独立学科出现，但是，直到第二次世界大战前，传统的研究方法和研究对象在政治学中仍一直占据着主导地位。韦伯（Max Weber）的《新教伦理与资本主义精神》、布莱斯（James Bryces）的《现代民主政治》、帕雷托（Vilfredo Pareto）的《精神与社会》、莫斯卡（Gaetano Mosca）的《统治阶级》、米歇尔斯（Robert Michels）的《政治党派》、拉斯基（Harold Joseph Laski）的《国家的理论与实践》等著作在当时都曾风靡一时，而且至今仍深有影响。但是，在第二次世界大战后，特别是在20世纪六七十年代后，西方政治学界发起了一场"行为主义革命"。政治行为主义的实质，是试图用现代科学方法和实证方法研究现实政治问题，使政治研究科学化、定量化。行为主义政治学家注重经验性的证实，反对规范性的推演；主张研究事实，反对谈论价值；倡导研究者的"中立性"，反对价值偏向。由于传统政治学主要是进行价值研究的规范理论，因而受到了行为主义政治家的猛烈抨击。在他们看来，以政治哲学为核心内容的传统政治学作为一种空洞理论几乎一钱不值。一时间，到处都可以听到"政治理论寿终了"，"政治哲学衰亡了"的哀叹。亨廷顿（P. S. Huntirgton）的《变化中社会的政治秩序》、奥克肖特（Michael Oakeshott）的《政治中的理性主义》、伊斯顿（David Easton）的《政治生活的系统分析》等著作就是试图用自然科学方法和实证方法分析政治发展和政治过程的代表性著作。

　　但是,政治哲学是政治意识形态的核心内容,对意识形态从而对政治哲学的需要是任何政治社会所必需的,否定或取消政治哲学其实是不可能的。即使在行为主义风行的时期,西方政治学中影响最大的名著也多半是政治哲学方面的著作,如熊彼特(Schumpeter)的《资本主义、社会主义和民主主义》、波普(Karl Popper)的《开放社会及其敌人》、达尔(Robert Dahl)的《民主理论前言》、阿伦特(Hannah Arendt)的《人类状态》、哈耶克(Hayek)的《自由宪章》、柏林(Isaiah Berlin)的《自由四论》等等。70年代后西方政治学界出现了一场旨在复兴传统政治哲学的所谓"后行为主义运动"。许多西方政治学家认识到,政治学研究要真正做到"价值中立"事实上是不可能的,对事实的观察、对经验的分析、对数据材料的整理加工都难免受到研究者价值观的影响。退一步说,纵使有一种"价值中立"的政治学研究,这种研究肯定对社会的意义也不会太大。基于这种认识,70年代后,政治哲学又开始在西方政治学中得以复兴,从而形成了传统政治学与现代政治学并存的局面。在当今西方世界,影响较大的政治学流派有新自由主义、新保守主义、新马克思主义、精英主义、多元主义、社群主义等,罗尔斯(John Rawls)的《正义论》、麦金太尔(Macintyre)的《美德之后》、哈贝马斯(Habermas)的《合法性危机》、萨托利(Giovanni Sartori)的《民主新论》、布坎南(James M. Buchanan, Jr.)的《自由、市场与国家》等著作分别从不同的角度反映了上述各流派的主要观点。

　　　　　　　　　　(本文为《西方政治学名著》一书的导言,有删改。)

环境保护离不开公众参与

生态环境与公民参与,更深一层说就是环境与参与的问题,也就是民生与民主的问题。环境保护涉及到大气、水源、土壤的安全,这是民生的基础,还有什么比这些更与民生息息相关呢?公众参与,通常又称为公共参与或公民参与,是公民试图影响公共政策和公共生活的一切活动。公众参与对于政治发展而言,意义极为重大,是民主政治的核心议题。没有公民参与,就没有民主政治。

不少人以为,民生与民主没有关系,或者关系不大。有些所谓专家甚至还振振有词地说:你瞧,我们的调查数据表明,普通民众就关心环境的洁净、食品的安全、身体的健康,他们才不关心民主不民主呢。只有知识分子才吃饱了撑的,整天喊着要民主和参与。

是的,如果只看表面的调查数据,或许真的会得出这样的结论:普通民众不太关心政治,只关心民生,知识分子则往往关心政治甚于关心民生。难道知识分子不需要干净的空气和富足的生活吗?这显然不是答案。正确的答案是:知识分子会比一般民众多问一问,是什么原因导致了环境的恶化和民生的不易?这一问便问出了政治和民主。许多民生问题都与公共政策和制度环境直接相关,它们的背后有政治。

自然环境的破坏和生态的失衡,大多是由不适当的公共政策和发展模式导致的;反过来,当自然环境危害民众的生活质量和人类的生存条件时,生态问题又会转变成政治问题。

环境与政治的这种辩证关系,从改革开放后我国的发展变迁中获得了生动的证明。我国的现代化创造了世界经济史的奇迹,GDP 年均增长连续 33 年超过 9%,但为之付出的代价极其昂贵,其中主要的代价之一就是环境污染。GDP 崇拜和 GDP 主导的官员绩效考核,在相当长一段时间中形成了不计环境成本的增长模式,"先发展,后环保"曾经是许多地方政府的发展思路。

虽然党和政府在前些年开始调整这种以牺牲环境为代价的增长模式,但为时太晚。水污染、大气污染和土壤污染的程度已经触目惊心,严重威胁到人们的生活质量和生命健康,促使人们对生态环境的神经变得日益敏感。

广大的城乡居民纷纷开始环保自救行动和维权行动,其中引人注目的举措,就是日益关注周围的环境质量,主动反映周边的环境,形成民意的重要焦点。不仅如此,当民众的环境权益面临威胁时,越来越多的人开始采取抗争行为,例如上访、示威、游行,直至演变成暴力对抗。近年发生的大规模官民冲突事件,许多是由环境问题引发的,如厦门和大连的 PX 项目事件、什邡的钼铜事件、启东的排污事件等便是典型案例。有专家统计,由环境污染引发的群体性事件以年均 29% 的速度递增,远超 GDP 增速。简而言之,环境问题在我国目前已经成为重大的政治问题。

环境问题一旦成为政治问题,那就离不开公众参与。没有公众参与,难有环境保护。公众参与是解开所有政治纠结、实现官民合作、增进社会安定的一件法宝。首先,公众参与是实现公民权利的基本途径。广泛的公众参与,特别是公众的政治参与,是现代民主政治的基础。其次,公众参与可以有效防止公共权力的滥用。公民对政治生活的积极参与,是实现对公共权力有效制约的基本条件。如果公众对政治漠不关心,不参加选举、讨论、听证、申诉、请愿等,公共权力就有失控的危险。其三,公众参与可以使公共政策更加科学和民主,使相关的政策变得更加符合公共利益,还可以及时发现政策的失误和偏差,及时纠正决策失误,从而使决策更加科学和合理。其四,公众参与能够促进社会生活的和谐与安定。如果公众能够实质性地参与相关的决策过程,通过公众的参与有效协调各种利益关系,这样的政策就容易为公众所接受,民众对公共政策就会有更多的共识,公众之间以及公民与政府之间就容易和睦相处。第五,公众参与本身就是公民的价值和美德。参与可以唤醒公民的权利意识和民主意识,可以培养公民的公共合作精神,可以增进公众的政治认同,可以使公民学会适应公共生活,提高参与的技巧,积累参与的经验,发展参与的能力。

　　环境保护涉及到全体民众,每个人都是环境政策的利益相关者,尤其需要公众参与。进而言之,公众参与环境保护甚至不是一个自选项,而是一个必选项。我们所能选择的只是:以何种方式参与? 是主动参与还是被动参与,合法参与还是非法参与,有序参与还是无序参与? 我们当然应当选择主动的、合法的、有序的参与。如果选择不当,公众参与就有可能危害公共秩序,直至引发政治危机。我在十多年前就撰文指出,我们应当积极推动公民的政治参与,主动避免参与式危机,维护社会的和谐稳定。我提出的这些主张和观点,也同样适用于公众的环保参与,不妨重申如下。

　　从党和政府的角度讲,要努力做到以下五点。第一,要培育公民的民主精神和法治精神,既有主人翁意识,又有守法观念。第二,要健全和完善公民参与的制度和机制,努力使公民参与制度化、规范化和程序化,使公民能够合法地参与社会的公共生活。第三,要为公众的参与提供更多的渠道,开辟新的参与途径,尽量满足公民的参与要求。第四,要正确引导和规范公众参与,保证公民参与能够在法律的框架内有序地进行。第五,政府与公民在公众参与中要积极合作。公民与政府在政治生活中的良好合作,是善治的实质所在,而只有善治才能使公共利益最大化。

公民是公众参与的主体,也是公众参与最终的决定因素。良好的公众参与对公民自身也有许多要求。从公民自身的角度看,也努力要做到以下五点。第一,公民要充分认识到公共参与对于维护自身合法权利的极端重要性,增强参与的自觉性和主动性。第二,公民在参与过程中必须遵守国家的法律,维护社会公共秩序,使参与具有合法性和有序性。第三,公民要不断提高自身的参与能力,讲究参与技巧,提高参与的有效性。第四,公民应当具有合作精神,在参与中不仅要与政府合作,也要与其他公民合作。第五,公民在参与中要有足够的理性,既要维护自身的正当权益,也要为对方的权益考虑,防止因失去理智而导致秩序的失控。

（本文为《环保公众参与的实践与探索》一书的序言,有删改。）

优败劣胜

乍看本文的标题,很容易使人以为是"优胜劣败"的笔误。自然界基本的进化规律就是优胜劣败,在人类社会中,这条规律也同样适用。但是,这不是笔误。虽然一般地说,复杂的人类社会也遵循优胜劣败的规律,但在某些特定的社会历史条件下,在某个特定的时期或在某个特定的区域,先进的东西未必压倒落后的东西,优秀的事物未必战胜平庸的事物。法兰西学院院士、著名企业家和经济学家米歇尔·阿尔伯特(Michel Albert)在他那本风靡于世的《资本主义反对资本主义》(*Capitalisme Contre Capitalisme*)中所讲述的正是这样一种反常的现象。

1989年,前苏联东欧国家的社会主义政权相继垮台,作为一种实践的社会主义运动随之处于低潮。西方的许多学者据此宣告,社会主义已经死亡。著名的美国经济学家和历史学家罗伯特·海尔布伦纳(Robert Heilbroner)在影响广泛的《纽约客》上宣称:"资本主义与社会主义两种体制的竞争,在其正式开始后不到75年时间内已经结束,资本主义获得了最终胜利"。稍后,兰德公司的主要成员福山则从理论上系统地论证了社会主义与资本主义对抗的完结。在其至今仍风靡西方世界的《历史的终结与最后的人》一书中,福山断定,资本主义的自由民主制度是人类历史发展的终极状态。现在留待人类思考的基本问题不是别的,而是作为"历史终极状态"的资本主义自由平等制度能否产生一个令人完全满意的稳定社会;或者这"最后的人"的精神面貌是否会使人类回到腥风血雨的混乱状态。

与这种情况相适应,大多数西方主流学者认为,对社会主义的研究已经成为历史,那将是历史学家的任务。现在,他们所要研究的就是如何完善资本主义,以及资本主义的前景如何。在这样一种思维逻辑的支配下,90年代后在西方国家出现了许多集中研究资本主义的专著。仅就作者所读到的以"资本主义"一词为书名的、影响广泛的著作就有:日本学者神原英资(Eisuke Sakakibara)撰写的《资本主义超越资本主义》、美国学者莱斯特·瑟罗(Lester Thurow)的《未来资本主义》、法国学者阿兰·科塔(Alain Cotta)的《形形色色的资本主义》、美国学者阿里夫·德里克(Arif Dirlik)的《全球资本主义的复苏》等等。阿尔伯特的这本《资本主义反对资本主义》也是其中之一。该书初版于1991年,到1995年,它已被译成19种不同语言,产生了广泛的国际影响。

阿尔伯特认为,资本主义并不只有一种模式,撇开资本主义国家之间种种具体差异不论,从基本的社会体制方面看,至少存在着两种明显不同的模式。一种是盎格鲁撒克逊模式,另一种是莱茵模式。前者以美国、英国为代表,所以又称英美模式。除英美外,还包括北美、大洋洲的多数国家。后者以德国、日本为代表,所以又称德日模式。在作者的清单中,从瑞士到北欧的多数欧洲国家均属莱茵模式。在阿尔伯特看来,盎格鲁撒克逊模式与莱茵模式不仅有着重大的差别,在许多问题上简直是势不两立。他直言不讳地说,《资本主义反对资本主义》这本书的主题,就是"两种资本主义的对立"。他列举了在以下 10 大问题上,盎格鲁撒克逊模式与莱茵模式的对立。

这十大问题是：外国移民,社会贫困,社会保障,工资报酬的等级,税收制度,法律与行政体制,金融市场,企业管理,职业教育和保险。按照阿尔伯特的观点,在这十大问题上盎格鲁撒克逊模和莱茵模式均针锋相对。举移民问题为例。阿尔伯特认为,盎格鲁撒克逊模式对外来移民采取积极开放的态度,而莱茵模式则对外来移民严加限制。1986 年美国的一项移民法令使 300 万非法移民获得了合法身份;1990 年的一项法律,使合法移民从每年的 47 万增至 70 万。在英国,印度和巴基斯坦移民可以获得和英国人几乎一样的公民权。相反,德国实行血缘界定法,1990 年通过的一项法律强化了德意志文化的同一性。德国人可以慷慨援助所有说德语的人,但无法接受已经在德国长期定居的土耳其移民融入德国社会。在美国人眼里,日本人粗暴对待菲律宾人和韩国人是无法想象的;而日本人则无法理解,怎么会有半数以上的美国人希望一位黑人参谋长联席会议主席成为副总统。

阿尔伯特认为,盎格鲁撒克逊模式和莱茵模式的区别典型地体现在两者对市场的态度上。阿尔伯特将以下 8 项事物的商品化程度一一作了对比,然后得出结论说,前者的社会商品化程度要远远高于后者：① 宗教。莱茵模式没有将宗教商品化,德国的神父和牧师是政府公务员,由公共财政支撑其活动;美国的宗教活动则相当市场化,依赖市场手段维持运作。② 企业。盎格鲁撒克逊模式把企业当作普通的商品;莱茵模式则不仅把它看作是商品,也把它看作是具有共同利益的社群(community)。③ 工资。盎格鲁撒克逊模式的工资主要受市场调节;在莱茵模式中,市场仅仅是决定工资的因素之一,此外,还有工龄、文凭、行业协定等因素。④ 住房。在盎格鲁撒克逊模式中,住宅完全商品化;而在莱茵模式中,政府广泛建造社会性的住宅,实行房租补贴。⑤ 交通。在这一点上,两种模式差别不大,都对交通实行管制。⑥ 媒体。莱茵国家的电视等主要传播媒介在相当程度上是公有的;但在美国,电视业一开始就是商业化的。⑦ 教育。盎格鲁撒克逊模式的教育商业化程度也明显高于莱茵模式。在美国绝大多数著名大学都是私立的,而相反,在德国绝大多数著名大学都是公立的。⑧ 医疗保健。公立医院的作用在莱茵模式要比在盎格鲁撒克逊模式大。

将这两种模式进行详细的比较后,阿尔伯特十分肯定地指出,在这两种资本主义模式中,以德日为代表的莱茵模式比起英美的盎格鲁撒克逊模式来,具有显著的优势。这种优势主要体现在经济和社会两个方面。

在经济方面,德日模式奉行社会市场经济体制,这是一种"秩序化的自由主义",它既有北美自由放任模式的优点,又在相当程度上克服了自由放任的缺点。此外,莱茵模式也极端重视生产的效率,重视职业培训和企业开发;注意营造经济中的文化;推行强势货币政策,在国际储备中马克和日元占各国央行外汇存底的30%;德日等国具有无可匹敌的产业能力和商业能力,莱茵国家拥有世界上最优秀的工业。

在社会方面,莱茵模式注重社会保障和平等,莱茵国家的公民具有更大的安全系数;而美国至今还没有确立有效的社会保险制度。莱茵模式的收入差距也较盎格鲁撒克逊模式更小。假如把中产阶级界定为接近全国平均水平的人,那么中产阶级在美国仅占总人口的 50%，而在德国则为 75%，在瑞士和瑞典则高达 80%。美国大公司老板的平均工资是普通职员的 110 倍，这个比例是日本的 17 倍，德国的 23 倍。美国的 DBL 金融公司债券部经理迈克·米尔肯 1988 年的收入高达一亿五千万美元。这对莱茵模式国家来说是不可思议的。

但是，令人感到奇怪的是，莱茵模式并没有比盎格鲁撒克逊模式带来更好的结果。阿尔伯特不无感叹地看到这样一幅现实世界的矛盾景象：正如古老的"格雷欣法则（Gresham's Law）"所表示的那样，劣币驱逐良币。先进的模式处处受制于更差的模式：莱茵国家以优质高效的经济业绩昭示天下，天下却无动于衷；美国的经济绩效远不如德日等国，但却在世人面前咄咄逼人。如果在不发达国家作一次民意测验，问及愿意移民美国还是移民欧洲，结果一定是回答去美国。尽管实际上就物质生活而言，移民西欧比移民美国要强得多。不仅如此，即使在代表莱茵模式的德日等国，越来越多的年轻人也唯美国的马首是瞻，模仿起美国人的生活方式来了。优胜劣败的自然法则在这里变成了优败劣胜的现实法则！

为什么会出现优败劣胜的局面呢？解答这一问题是阿尔伯特撰写《资本主义反对资本主义》的主要目的，但阿尔伯特给我们提供的答案多少有点出乎意料：是美国模式的刺激性！阿尔伯特说，美式资本主义就像一部西部片，充满冒险，扣人心弦；又像巴黎的疯马沙龙，既有生死搏斗的野性魅力，又有玫瑰色的梦幻；它还像一名性感的演员，虽然演技并不那么高超，但极具诱惑力。与此相反，经济体制上更加优越的莱茵模式则显出一副落伍的样子，它缺乏幻想的气质，难以惹人喜欢，简直就像一名刻板的演员那样令人乏味。

　　那么,这样一个充满诱惑、令人神往的美国形象又是如何形成的呢? 阿尔伯特的回答再次令人称奇:美国高超的传媒宣传技术! 他说,美国是一位超级媒体明星。美国的神话完全是由新闻媒体一手制造出来的,所有媒体竭力根据民众的口味将美国神化。在媒体面前,莱茵模式被贬得一钱不值,而美国则被描绘成凯旋的英雄,它的事迹被媒体编织成一幅幅史诗般的壮丽景象。本着这样的逻辑,阿尔伯特的最后结论是,莱茵模式在经济上要远远优越于盎格鲁撒克逊模式;但无奈优败劣胜,在气势上盎格鲁撒克逊模式却压倒了莱茵模式,美国由于其绝妙的自我推销技术而成了君临一切的霸主。用阿尔伯特的话来说,这叫作"推敲不如推销"。

　　应当指出,阿尔伯特的结论有一定的道理,比起德日国家来,美国的经济体制确有不少短处。但平心而论,若把美国今日的辉煌完全归结于其高超的宣传推销技术,这是很难令人信服的。正如阿尔伯特所看到的,美国的政治体制、科技体制和文化体制在相当程度上弥补了其经济体制的不足。例如,在科技上,美国集中了世界上最优秀的科学家、学者和工程技术人才,他们从世界各地给美国送来了最宝贵的财富——知识和技术。几乎在每一个重要的科学技术领域,美国总占有重要的地位。诺贝尔奖差不多历年都有美国的获奖者。在文化领域,美国也同样处于无可争议的霸主地位,尤其在语言、大学和传播媒介三个领域中,美国的价值、美国的方式几乎就是世界的价值和方式。

　　另一方面,即使在经济上,美国也有其不可忽视的优势。例如,美国有巨额的资产积累,80年代其海外资产就超过了3 000亿美元;美国的自然资源得天独厚;美国还拥有无与伦比的金融优势,其每天的货币流量高达1万2千亿美元,相当于法国一年的国内生产总值;美国领导着高技术经济的世界潮流,其产品的附加值远比一般国家高,等等。最近东南亚爆发的金融危机,对日本也造成了严重的打击,而对美国则几乎没有产生影响,这表明以美国为代表的盎格鲁撒克逊经济模式也有其不可取代的自身优势。在这一点上,正确的解释或许是,像社会主义一样,资本主义也不是千篇一律的,每个国家都应当根据各自不同的社会历史文化背景和政治经济条件,选择适合自己国情的发展模式,而不能强求一律。

谁是我们的敌人

　　"谁是我们的敌人？谁是我们的朋友？这个问题是革命的首要问题。中国过去一切革命斗争成效甚少，其基本原因就是因为不能团结真正的朋友，以攻击真正的敌人。革命党是群众的向导，在革命中未有革命党领错了路而革命不失败的。我们的革命要有不领错路和一定成功的把握，不可不注意团结我们的真正的朋友，以攻击我们的真正的敌人"。我相信，出生于 20 世纪 50 年代的人，没有人不知道这段著名的毛主席语录，许多人可能至今仍会背诵这段毛主席语录。

　　对于武装夺取政权的革命党来说，不明白谁是自己的朋友，谁是自己的敌人，就意味着不清楚谁是革命的对象，谁是依靠的同盟，那就必然不可能取得武装夺权的胜利。所以，区分敌友自然成为中国共产党进行革命斗争的首要问题，毛泽东的这一著名论断，也自然成为中国共产党进行革命斗争的重要指导思想。对于长期从事残酷武装斗争的中国共产党来说，敌我意识、敌情观念、敌友判断也随之成为党的政治认同的重要内容，深入到了每一个老党员，特别是老一代党员领导干部的心脑之中，成为中国共产党政治传统的内在要素之一。敌友观念至今仍然是影响中国政治生活最深刻的意识形态观念之一，判断并且打击"敌对势力"，仍然被列为执政党的重要政治任务。

20世纪70年代末通过的中共十一届三中全会决定，明确指出中共的工作重心将从"阶级斗争"转变为"经济建设"，由此开启了伟大的改革开放进程。中共这一工作重心的转移，实际上表征着中国共产党开始从一个革命党转变为执政党。革命党与执政党是现代政治学的两个重要范畴，两者有着重大的区别。革命党的主要目标是夺取政权，而执政党的主要目标则是维护政权。革命党的工作重心是政治斗争，执政党的工作重心则是经济发展。革命党主要依靠暴力手段和政治运动夺取政权，执政党则强调民主手段和法律手段执掌政权。在区分敌友的标准、界定敌友的范围、对待敌友的态度、处置敌友的政策等方面，革命党与执政党也有着重大的区别。

混淆两者之间的差别，会给党的事业带来重大损失，在这方面我们有过极为深刻的教训。例如，20世纪50年代的"反右运动"把50多万知识分子错划成"右派"，当作政治上的敌人加以打倒。史无前例的"文化大革命"则更甚，不仅大量知识分子，而且大量的党政干部、工人农民也被划为"阶级敌人"。这些政治运动既给那些被划为"阶级敌人"的个人及其家庭带来了灭顶之灾，也给我们中华民族造成了难以弥补的惨重损失。为何把如此众多的公民打成了"阶级敌人"，并且以残酷的手段对"阶级敌人"进行镇压？其中一个重要的原因，就是我们拥有革命党的敌友观，却缺乏执政党的敌友观。甚至没有人从执政党的角度认真研究过敌友理论。

系统地研究敌友问题，不仅对于推动国家的民主法治进程有着重要的现实意义，而且对于推进当代中国政治学研究也有着重

要的学术意义。如左高山博士的《敌人论》是研究敌友问题的一部
开创性著作,他在此书中对"敌人"概念在古今中外不同语境中的
意义做了细致的考察分析,并且努力结合当代中国的政治实际来
阐述"敌人"的意识形态意义,为国内政治学界进行更加深入的敌
友研究开了一个良好的头。伟大的政治家不仅要避免四面树敌,
而且要善于化敌为友。

(本文为《敌人论》一书的序言,有删改。)

说说社会企业

简单地说,社会企业就是以公益性社会服务为主要目标的企事业单位。在我国,最接近"社会企业"范畴的是"民办非企业单位"。社会企业具有一定的营利性,它为社会提供有偿服务,在提供服务或从事经营时获取一定的利润。以所获利润维持自己的运转,并提供更多的社会服务。从营利这个意义上说,它是一种企业,不同于非营利的公益组织和民间组织。但营利不是社会企业的主要目的,其主要目的始终是提供公益性的社会服务。从营利不是主要目的这个意义上说,它又不是一般意义上的企业。因此,社会企业作为经营性的社会组织,它不属于政府系统,是非政府组织;作为以提供公益性社会服务为主要目标的社会组织,它又不属于市场系统,是"非企业单位"。如果将国家的政府系统当作"第一部门",将市场的企业系统当作"第二部门",那么,社会企业就属于非政府、非市场的"第三部门"。在我国,目前可以归属于社会企业范畴的社会组织大体有以下几类:民办非企业单位、社会福利企业、城乡居民的互助合作组织和社区服务中心等。

就其自身的性质而言,社会企业属于公益性的社会事业。发展这样一种社会事业,对于推动社会建设,构建和谐社会,有着重要的意义。胡锦涛同志在中共十七大报告中指出：社会建设与人民幸福安康息息相关。必须在经济发展的基础上，更加注重社会建设，着力保障和改善民生，推进社会体制改革，扩大公共服务，完善社会管理，促进社会公平正义，努力使全体人民学有所教、劳有所得、病有所医、老有所养、住有所居，推动建设和谐社会。由此可见，发展社会企业，推进社会建设，完全符合党和国家的发展战略，对于改善民生，促进公平正义，有着直接的现实意义。

首先，发展社会企业有利于扩大社会就业。就业是民生的第一要务，拥有一份稳定的职业，使其劳有所得，才能不断改善人民群众的民生。社会企业的增加，意味着就业机会的增加，多一家社会企业，就会少一些失业人员。特别要指出的是，社会企业优先向困难群众开放，发展社会企业，对于改善低学历者、低技能者、下岗者、无业者、残疾者等弱势群体的民生，意义更为重大。

其次，发展社会企业有利于减少贫困。减少和消除贫困，是建设和谐社会和全面实现小康社会的基础性工作。社会企业的主要目标，就是提供公益性社会服务，其中的重要内容，就是在就业、教育、医疗、居住等方面直接为贫困人员提供福利和服务。因此，发展社会企业，是减少和消除社会贫困的一条现实途径。

再次，发展社会企业有利于改善社会公共服务。政府和企业都担负着提供公共服务的社会责任，特别是政府，应当是社会公共服务的主要供给者。但是，无论政府还是企业，它们在提供社会公共服务方面都存在着自身的局限性，社会企业可以利用自身的优势，弥补政府和企业在社会服务方面的不足。例如，在社区服务方面，社会企业就具有比政府和一般企业更强的优势，发展社会企业可以更加方便社区居民的生活。

最后，发展社会企业有利于培育公民的公益精神。生活在社会中的每个公民，既要维护自己正当的个人利益，但也必须承担相应的公共责任，维护社会的公共利益。培育企业和公民的公共意识和公益精神，是建设和谐社区与和谐社会的重要条件。社会企业不把营利作为主要目标，而把社会公益服务作为主要目标，这不仅有利于培育社会企业内部职工的公益精神，也有利于激励其他一般企业的社会公益行为，使企业更加自觉地承担起社会责任。

党和政府一直鼓励公益性企业在帮助老残病弱和扶贫济困、社会救助、环境保护、社会治安等方面发挥更多的作用，并且出台了相应的扶持政策。改革开放以来，这类公益性的民办非企业单位、福利企业和其他类似的社会企业有了长足的发展。但是，与国家的经济发展速度相比，与建设和谐社会的要求相比，我们在这方面还有很大的差距。社会企业的发展还没有引起政府和社会各界的高度重视，还面临着许多问题，远远没有发挥它应当发挥的作用。比较而言，英国在发展社会企业方面做得比较成功，积累了许多经验，可供我们借鉴。

（本文为《社会企业》增刊的序言，有删改。）

从浙东普通农民到美国高级公务员

　　兔年新春①伊始，我便有点不讲情谊地一口回绝了好友的请求：一位在美国做公务员的老乡写了一本书要在国内出版，想请我做个序言。我一般不给别人的书做序，尤其不给不熟悉的人做序。为他人的书做序，是一件很累人的事。一旦答应做序，总得把书稿从头至尾看一遍吧，总不能像有些人那样让作者自己写好稿子然后签个名吧。何况评论不熟悉的人和不熟悉的事，还要承担额外的责任。然而，经不起老友的再三相劝，答应先看一下稿子再说。当我看完何奇恩先生的书稿后，我觉得这是一部从多个角度看都值得推荐阅读的好书。

　　作者出身于浙东农村一个贫困的农民家庭，历经磨难终于走进了北京师范大学的校门。继而凭借常人难以想象的刻苦努力，在北师大英语系毕业后又赴美国就读拿到了博士学位。然后，在美国从临时工做起，一步一步从地方政府普通职员，一直做到联邦政府的高级公务员。作者在人生道路上的每一个进步，都是凭借自己非凡的毅力，付出比别人更多的辛苦而取得的。对于现在的

---

① 本文写于 2011 年 3 月 18 日。

年轻人来说,其中的许多故事几乎就是"天方夜谭"。他连续四次高考失利,不仅要遭受"癞蛤蟆也想吃天鹅肉"的讥笑和白眼,还要承受贫困农民家庭"吃了上餐没有下餐"的生计煎熬。这种物质和精神的双倍压力,真是重于泰山啊!能够顶住这般沉重的压力,就能跨越艰难险阻。作者硬是顶住了:他躲在家里,断绝与他人的往来,决然进行第五次冲刺。作者的成功,首先是毅力和意志的成功。这种自强不息和奋力拼搏的精神,无论在哪里,无论在何时,无论做什么,都是成功之母。因此,要我说,这其实是一本励志的书。

作者自己说学英语是他的一个"传奇"。在闭塞的农村山区,学外语是最不可思议的。即便在经济和文化生活发生了翻天覆地巨变的今天,外语仍然是农村孩子的明显短板。作者最后居然选择了报考外语系,而且被北师大英语系录取了。刚入学时他的英语根本张不开嘴,老师让他与同学上台练口语,他为了躲避练习竟与老师玩起了猫捉老鼠的游戏,把美籍英语老师生生给气跑了。然而,作者发愤努力,最后却以优异成绩毕业留校。作者在美国寻找工作的过程,也充满着许多类似的"传奇"。起初,为了谋得一份职业,他挖空心思,但屡屡碰壁。他甚至动用了中国人的小聪明,在谋职时想给一位管事的美国人送点小礼品,结果把那位美国女士吓得赶紧躲进办公室。在中国,"礼尚往来"是一种美德,找人帮忙送点礼物也习以为常。但到了美国,谋职时给相关人员送点礼品,竟有违法的嫌疑。作者经历的种种"传奇"从深层次上说,是不同文化的碰撞。作者从农村到大城市,从中国来到美国,从农民转为学生,从学生转为职员,每一次地域和身份的转换,也是一种文化氛围的变换。正是通过这一个个的"传奇",作者才得以迅速适应并融入不同的文化环境。因而,这本书讲述的是一个个生动鲜活的文化交融和碰撞的故事。

当然,本书的主题是叙述怎样"在美国当公务员",讲述的主要是作者在美国政府就业、工作、升迁的经历。透过作者的自述,我们可以窥见美国的官场文化和官场生态。作者并没有去刻意评价和分析美国制度的优劣好坏,而是讲述自己亲历的故事。从这些故事中我们既可以看到美国的问题,如男女的不平等,一些部门的效率低下,一些官员的素质不高,等等。但作为中国的读者,我们或许更应当关注这个国家有哪些东西是值得学习借鉴的。中国的任何东西都有自己的特色,政治制度尤其如此,我们不应该也不可能照搬美国或其他国家的制度,但我们应当虚心学习和借鉴人类文明一切合理的成果,当然也包括政治文明的合理成果。世界上任何伟大的民族和文明,之所以伟大,是因为她们善于学习和借鉴其他文明的优秀成果,中华民族和中华文明也不例外。政府管理不同于宏观的政治体制,它更多地是一种工具理性。每个国家,无论是东方的还是西方的,资本主义的还是社会主义的,无不希望自己的政府拥有更高的效率,获得更多的支持,提供更好的服务,进行更好的治理。如果本着这样一种态度来阅读此书,那么我们就会发现,作者讲述的许多故事值得我们认真思考和仔细回味。

例如,作者在费城老人局工作时,有一年居然以临时工身份获得了该局的年度最高奖,并且被破格提升为少数族裔专员。这种重工作业绩而不重身份的做法,不仅对于提高公务员队伍的素质极为重要,而且也体现了公民的政治平等。又如,作者有一位老实的同事,因为有爱关门的习惯,有一次一位女下属到其办公室时他也习惯性地关上了门,结果这位下属竟然按照联邦政府《防止性骚扰手册》向上级投诉遭到了性骚扰。这对于性骚扰问题日益突出的我国来说,也不无参考价值。再如,作者长期在民权办公室和信访中心工作,大量接收和处理各种投诉,从中我们可以看到美国的民众是怎么向政府投诉其不满的,而美国政府又是如何处理民众信访的。这对于尚处于信访高潮的我国许多政府部门来说,参考和借鉴的意义尤其明显。

　　总之,无论是对于想要进行政府管理改革创新的党政官员来说,还是对于想要解剖美国文化和美国政治的知识分子来说,或者对于想了解一位中国农村孩子如何在美国社会拼搏奋斗的年轻学子来说,这本书都值得一读。

(本文为《我在美国当公务员》一书的序言,有删改。)

谈民主

当然,我们正在建设的,是具有中国特色的社会主义民主政治。一方面,我们要充分吸取人类政治文明的一切优秀成果,包括民主政治方面的优秀成果;但另一方面,我们不照搬国外的政治模式。我们的民主政治建设,也必须密切结合我国的历史文化传统和社会现实条件。只有这样,中国人民才能真正享受民主政治的甜蜜果实。

民主是个好东西

民主是个好东西，不是对个别的人而言的，也不是对一些官员而言的；它是对整个国家和民族而言的，是对广大人民群众而言的。坦率地说，对于那些以自我利益为重的官员而言，民主不但不是一个好东西，还是一个麻烦东西，甚至是一个坏东西。试想，在民主政治条件下，官员要通过公民的选举产生，要得到多数人的拥护与支持；其权力要受到公民的制约，他不能为所欲为，还要与老百姓平起平坐、讨价还价。单这两点，很多人就不会喜欢。当然，他不喜欢也不会明说，而会说，民主怎么不符合国情民情，民主的条件怎么不成熟，公民的素质怎么不行；或者说，民主的毛病是如何如何的多，民主会带来多少多少的危害，等等。因此，民主政治不会自发运转，它需要人民自己和代表人民利益的政府官员去推动和实践。

民主是个好东西，不是说民主什么都好。民主决不是十全十美的，它有许多内在的不足。民主确实会使公民走上街头，举行集会，从而可能引发政局的不稳定；民主重视政治的过程和程序，它使一些在非民主条件下很简单的事务变得相对复杂和烦琐，从而增大政治和行政的成本；民主往往需要反反复复的协商和讨论，常常会使一些本来应当及时做出的决定，变得悬而未决，从而降低行政效率；民主还会使一些夸夸其谈的政治骗子有可乘之机，成为其蒙蔽人民的工具，如此等等。但是，在人类迄今发明和推行的所有政治制度中，民主是弊端最少的一种。也就是说，相对而言，民主是人类迄今最好的政治制度。或者如一位著名政治家讲的那样，民主是一种比较不坏的政治制度。

民主是个好东西，不是说民主可以为所欲为，能解决一切问题。民主是一种保障主权在民的政治制度，它只是人类众多制度中的一种，主要规范人们的政治生活，而不能取代其他制度去规范人类的全部生活。民主有内在的局限性，不是万灵药，不能包医百病，不可能解决人类的所有问题，甚至常常连起码的衣食住行问题都无法解决。但民主保证人们的基本人权，给人们提供平等的机会，它本身就是人类的基本价值。民主不仅是解决人们生计的手段，更是人类发展的目标；不仅是实现其他目标的工具，更契合人类自身固有的本性。即使有最好的衣食住行，如果没有民主的权利，人类的人格就是不完整的。

民主是个好东西，不是说民主就没有痛苦的代价。民主可能破坏法制，导致社会政治秩序的一时失控，在一定的时期内甚至会阻碍社会经济的增长；民主也可能破坏国家的和平，造成国内的政治分裂；民主的程序也可能把少数专制独裁者送上政治舞台。所有这些，都已经在人类的现实生活中出现过，并且还可能不断再现。因此，有时民主的代价太高，甚至难以承受。然而，从根本上说，这不是民主本身的过错，而是政治家或政客的过错。一些政治家不了解民主政治的客观规律，不顾社会历史条件，超越社会历史发展阶段，不切实际地推行民主，结果只会适得其反。一些政客则把民主当作其夺取权力的工具，以"民主"的名义，哗众取宠，欺骗人民。在他们那里，民主是名，独裁是实；民主是幌子，权力是实质。

民主是个好东西，不是说民主是无条件的。实现民主需要具备相应的经济、文化和政治条件，不顾条件而推行民主，会给国家和人民带来灾难性的结果。政治民主是历史潮流，不断走向民主是世界各国的必然趋势。但是，推行民主的时机和速度，选择民主的方式和制度，则是有条件的。一种理想的民主政治，不仅与社会的经济制度和经济发展水平、地缘政治、国际环境相关，而且与国家的政治文化传统、政治人物和国民的素质、公民的生活习惯等密切相关。如何以最小的政治和社会代价，取得最大的民主效益，需要政治家和民众的智慧。从这个意义上说，民主政治也是一种政治艺术。推进民主政治，需要精心的制度设计和高超的政治技巧。

民主是个好东西，不是说民主就可以强制人民做什么。民主最实质性的意义，就是人民的统治，人民的选择。尽管民主是个好东西，但任何人和任何政治组织，都无权以民主的化身自居，在民主的名义下去强迫人民做什么和不做什么。民主需要启蒙，需要法治，需要权威，也需要暴力来维护正常的秩序。但是，推行民主的基本手段不应当是国家的强制，而应当是人民的同意。民主既然是人民的统治，就应当尊重人民自己的自愿选择。从国内政治层面说，如果政府主要用强制的手段，让人民接受不是他们自己选择的制度，那就是国内的政治专制，是国内的暴政；如果一个国家主要用强制的手段，让其他国家的人民也接受自己的所谓民主制度，那就是国际的政治专制，是国际的暴政。无论是国内专制还是国际专制，都与民主的本质背道而驰。

　　我们正在建设中国特色的社会主义现代化强国，对于我们来说，民主更是一个好东西，也更加必不可少。马克思主义经典作家说过，没有民主，就没有社会主义。胡锦涛主席又进而指出，没有民主，就没有现代化。也就是说，没有民主，就既没有社会主义，也没有现代化，更没有社会主义的现代化。当然，我们正在建设的，是具有中国特色的社会主义民主政治。一方面，我们要充分吸取人类政治文明的一切优秀成果，包括民主政治方面的优秀成果；但另一方面，我们不照搬国外的政治模式。我们的民主政治建设，也必须密切结合我国的历史文化传统和社会现实条件。只有这样，中国人民才能真正享受民主政治的甜蜜果实。

　　（本文为作者自己的访谈集《民主是个好东西》一书的序言，有删改。）

民主的共识

在现当代社会政治理论中,争议最大而又无法绕过的概念,大概要数"民主"。近代以来,民主已经从一种少数政体变成多数政体,从原先的异常政体成为现在的常规政体,从源于西方的政治制度成为人类政治文明的共同成果。在当代世界,几乎所有国家都声称自己是民主国家。但是尽管如此,对究竟什么是民主,如何评价民主,学者和政治家之间的观点不仅莫衷一是,而且常常针锋相对。对民主的争论,不仅发生在国内知识分子之间,而且也发生在不同国家之间。民主已经成为一个全球性的争议话题。

尽管对民主的含义、要素和标准众说纷纭,但在民主问题上各国学者事实上也有着某种共识。例如,民主的基本意义就是人民的统治或人民当家作主;民主是一系列保障公民自由、平等和人权的制度和机制;民主是人类文明的共同成果,等等。对这些基本问题,绝大多数学者之间并没有分歧。分歧主要发生在评判民主的具体标准和实现民主的现实道路上。民主是人类的基本政治价值,是人类政治文明的主要成果,有着某些共同的要素和表现形式。但是,由于实现民主需要一定的经济、政治、文化条件,而这些条件在不同的国家或同一国家的不同时期可能极不相同,因而,世界各国的民主都会带有自己的特征。从这个意义上说,民主制是普遍与特殊的统一。不能只看到民主是一种普遍价值,有其共同要素和形式,就认为世界上的民主只有一种模式,以民主的普遍性否定民主的特殊性;反之,同样也不能只看到民主的特殊性,不同的国家有不同的政治经济条件,就认为根本不存在民主的普遍性,以民主的特殊性去否定民主的普遍性,从而认为本国的民主与其他国家的民主没有任何共同之处。

人民民主是社会主义的生命,没有民主就没有社会主义。我们正在建设一个中国特色的社会主义现代化强国,民主和现代化是我们的两大目标。一方面,我们必须立足中国的基本国情,另一方面我们也必须学习借鉴人类文明一切合理的成果,包括政治文明的合理成果。我们要通过比较分析,更加全面地认识到,民主既有共性,又有个性,各国的民主各有自己的特色。民主理论集中体现了学者的政治价值,不同价值观的学者会有不同的民主观。例如,在论及中国政治时,国外不少作者显然存有价值的偏见,他们的许多判断是我们所不能接受的。但是在社会思想日益多元化并且各种思潮相互激荡的今天,我们完全相信读者有足够的分析鉴别能力。

（本文为《民主与现代化：有关 21 世纪挑战的争论》中译本的序言，有删改。）

民主之辩

　　民主与法治。从根本上说,民主与法治是一个硬币的两面,互为条件,不可分离,它们共同构成现代政治文明的基础。民主的根本意义是主权在民,或人民当家作主。宪法和法律对人民民主权利的保障,是民主政治的基本前提,没有这个前提,就谈不上民主。若没有法治,公民的民主权利就有可能随时被剥夺,公民的政治参与就有可能破坏社会稳定,民主进程就有可能导致秩序的失控。法治包含法制,但不等于法制。法治意味着健全的法制和严格依法办事,但法治的实质意义,是宪法和法律成为公共生活的最高权威。任何个人或任何组织都必须在宪法和法律的范围内活动,必须服从法律的权威,在法律面前人人平等。这样的一种法治,只有在民主政治条件下才能真正实行。因此,法治的真谛在于民主。说有民主就无法治,要法治就不能要民主,这是危言耸听。

　　民主与集中。我们通常把民主与集中作为一个整体看待,"民主基础上的集中,集中指导下的民主",这样一种"民主集中制"是我们国家政治生活的基本原则。在这里,民主与集中是同一个政治过程中两个各不相同而又不可或缺的环节。可见,民主与集中作为两个环节,是从政治过程的意义上说的。但民主首先是一种国家制度,而不是一种政治过程。作为一种国家制度的民主,指的是"人民的统治"。任何一种国家制度都需要权威,需要集中,需要秩序,需要服从。民主制度也不例外,民主政治同样需要权威和集中。因而,无论从国家制度的意义上说,还是从政治过程的意义上说,把民主与集中对立起来,以为讲民主就是否定集中,或者要集中就没有民主,都是极大的误解。

民主与民生。中共十七大既突出强调民生,把改善民生作为各级政府的第一要务;又高度重视民主,把人民民主视作社会主义的生命。改善民生与发展民主是一种什么关系? 它们之间也是一种相辅相成、互为促进的关系。既不能将这两者割裂开来,更不能将它们对立起来。不能认为重视民主就势必忽视民生,或相反,强调民生就势必轻视民主。民主与民生并不相互排斥,民主促进民生,民生需要民主。对于单个的公民来说,经济权益与政治权益都是其正常生活所必需的。对于整个国家来说,改善民生也好,发展民主也好,归根结底,是为了把我国建设成为一个富强、民主、文明、和谐的现代化强国。民主和民生是中华振兴和共和国腾飞的两翼,不可偏颇。以发展民生,去阻挡民主,是一种严重的错误。

民主的普遍性与特殊性。辩证法告诉我们,任何事物都是普遍性与特殊性的统一,民主亦然。民主政治是人类政治文明的共同成果和普遍价值,有着共同的要素。但是,由于实现民主需要一定的经济、政治、文化条件,而这些条件在不同的国家或同一国家的不同时期可能极不相同,因而,世界各国的民主都或多或少会带有自己的特征。例如,民主需要选举、分权、监督、参与、协商、法治,这是其普遍性的一面。但选举、分权、监督、参与、协商、法治可以有许多形式,仅就公民的选举而言,就有直接选举与间接选举,比例代表制与多数代表制,记名投票与无记名投票,等等,这是民主的特殊性。民主制是普遍与特殊的真正统一。不能只看到民主是一种普遍价值,有其共同要素和形式,就认为世界上只有一种民主模式,以民主的普遍性否定民主的特殊性;反之,同样不能只看到民主的特殊性,不同的国家有不同的政治经济条件,就认为根本不存在民主的普遍性,以民主的特殊性去否定民主的普遍性,认为中国的民主与其他国家的民主没有任何共同之处。把民主当作西方国家的专利,简单地否定民主的普遍性,正像简单地否定民主的特殊性一样,都是有害的偏见。

选举民主与协商民主。民主既是一种政治制度,也是一种政治过程。真正的民主,应当体现在政治制度的各个方面和政治过程的各个环节。从理论上说,可以从不同的角度对民主进行分类,比如直接民主和间接民主,选举民主和协商民主,还有像我们通常所说的"四个民主",即民主选举、民主管理、民主监督、民主决策。事实上,不管对民主怎么分类,如果从环节上看,两个环节最重要,这两个环节彼此不能缺失。第一个环节是民主选举。民主就是人民的统治,可人民对国家的统治一般都不是直接的,而是间接的。间接统治就离不开选举。人类到现在还没有找到另外一个更好的办法,来代替选举的形式,把最能代表人民利益并真正对人民负责的官员选出来。第二个环节就是决策,这里面包含了协商民主。当一个官员被选举出来后,一定要有一套制度来制约他的权力,让他在决策的过程中能够更多地听取人民群众、利益相关者及有关专家的意见。可见,选举民主与协商民主处于政治过程的不同环节,它们不能相互取代。那种认为中国的民主是协商民主,西方的民主是选举民主的观点,是对民主的无知。

　　党内民主与社会民主。严格地说,民主就是人民的统治或主权在民,其本义只能是人民的民主。但民主可以存在于不同的领域和不同的群体,例如政党领域和社会领域,于是便有政党民主、社会民主、精英民主、阶级民主等说法。由党内民主带动社会民主,是中国民主发展的现实道路。党内民主是除基层民主之外,推进我国民主政治的又一重点。如果说基层民主是由下至上推进民主政治的话,那么,党内民主则是由权力核心向外围推进民主。没有党内的民主,就意味着没有核心权力层的民主。但是,同时必须清醒地看到,"以党内民主带动社会民主",这一命题本身就意味着,党内民主不是中国民主政治的根本目标,人民民主才是最终目标。"人民当家作主是社会主义民主政治的本质和核心"。因此,以人民民主去否定党内民主,或以党内民主去否定人民民主,都是对中国民主发展道路的曲解。

　　建设一个富强、民主、文明、和谐的社会主义现代化强国,是我们的根本目标。我们之所以要把人民民主当作国家发展的根本目标,是因为民主不是空洞的说教,它通过一系列的制度和机制保障公民的自由平等权利,维护社会的公平正义,确保国家的长治久安。简而言之,发展民主是为了造福于我们伟大的人民,造福于我们伟大的国家。

(本文为《让民主造福中国》一书的前言,有删改。)

协商民主与代议民主

　　无论是作为一种政治理论，还是作为一种政治实践，协商民主（Deliberative Democracy）在当代西方世界都极有影响。许多西方学者说，在过年二三十年中，协商民主是西方政治思想最重要的成果之一。我甚至认为，即使从现实政治的角度看，协商民主也是当代西方国家最重要的政治发展之一。无怪乎，一些当今西方政治思想界的领军人物，纷纷表明自己对协商民主的支持态度，像美国著名政治哲学家约翰·罗尔斯（John Rawls）、英国著名社会政治理论家安东尼·吉登斯（Anthony Giddens）、德国思想领袖尤尔根·哈贝马斯（Jürgen Habermas）等人，都是协商民主的积极倡导者。

　　协商民主，简单地说就是公民通过自由而平等的对话、讨论、审议等方式，参与公共决策和政治生活。这样一种协商民主之所以成为当代西方政治思想和政治生活的最新发展，我认为基本原因是，它补充和完善了当代西方民主的三种主要形式：代议民主、多数民主和远程民主。它使西方的民主理论和民主实践更加适合全球化和信息化时代西方国家的现实政治发展要求，从而进一步推进了西方的民主理论和实践。协商民主，作为当代西方一种新的民主理论与实践形态，极有可能形成西方民主的一个新的发展阶段。

　　从古希腊的亚里士多德（Aristotle）开始，西方的政治学家就极其重视对话和讨论对于政治民主的重要性。他们认为，民主的过程就是决策者不断听取民众意见并使之转化为政府政策的过程。然而，现代国家与古代的城邦国家不同，政府与公民之间的直接对话和协商受到了极大的限制，直接民主很难有效推行，代之而起的是间接的代议民主。多数民主和代议民主便成为西方民主的基本形式。不过，自从以卢梭（Rousseau）等人为代表的代议民主理论产生之日起，对其的质疑和批评之声就从未间断过。而近些年来，西方国家越来越多的政治理论家认为，由于政治过程的极其复杂性，间接的代议民主存在着不少致命的缺点，简单的多数原则不能充分体现全体民众的真实意愿。他们大声呼吁增加政治对话的机会，提高对话在民主决策中的作用。而且即使就对话而言，也有直接和间接之分，现代的通讯技术大大地改变了传统的面对面对话的性质和功能，由此产生了一种新的民主形式和理论，即远程民主（tele-democracy）。

　　远程民主理论认为，建立在现代高度发达的通讯技术之上的大众传媒、舆论调查、民意代表、利益团体等制度，构成了代议民主的基础。只要充分利用并进一步改进这些间接民主的制度和手段，就能有效实现民主的核心理念，即"民享、民有、民治"。与此不同，协商民主理论认为，无论是代议民主还是远程民主，都与现代公民的要求与社会的发展有不相适应的地方，公民与官员之间就共同相关的政治问题进行直接面对面的对话与讨论，是政治民主最基本的要素之一，也是任何其他方式所不可取代的。政府与公民的协商，既是达到民主决策的必要环节，同时这种协商本身就是一种民主的实践。它既是公民政治参与的现实形式,也是公民培育民主精神的重要渠道,因此,民主协商是政治合法性的来源之一。所以,他们积极倡导公民直接的政治参与。他们相信,协商民主是民主政治的发展方向,是当代民主的核心所在。

在我看来,协商民主是建立在发达的代议民主和多数民主之上的,它是对西方的代议民主、多数民主和远程民主的一种完善和超越。离开这样一个前提,去看待协商民主,就可能会偏离历史的真实。换言之,协商民主不是一种孤立的理论或实践,它深深植根于当代西方发达资本主义国家的政治现实。对此我们应当有清醒的认识。

(本文为《协商民主译丛》的序言,有删改。)

关于协商民主的几个问题

  政治协商制度，是我国的基本政治制度之一。从中华人民共和国成立伊始，这一制度就得以建立，甚至比人民代表大会制度还要早。随着时代的变迁和社会政治、经济和文化的进步，我国的基本政治制度也在与时俱进，其内容在不断丰富发展，其实现途径在不断增加拓宽。近年来，特别是党的十八大以后，政治协商制度一个重要的发展，就是协商民主的推进。协商民主的实践当然早已有之，但作为一种全新的政治理念和制度安排，作为中国特色社会主义民主政治的重要内容，则是近年的事。中共十八大和十八届三中全会先后都一再指出，协商民主是社会主义民主的重要形式，并且要求完善协商民主制度和工作形式，推进协商民主广泛多层制度化的发展。

  此后不久，"协商民主"这个概念不仅为国内政治学界所关注，也成为党政干部特别是政协委员的关注点，并开始出现在领导讲话和官方文件中。协商民主之所以成为我国理论界和党政部门的关注热点，原因主要有两个。一是协商民主本身的重要性，二是它比较切合中国的国情。按照民主本来的意义，对话、磋商、讨论、听证、交流、沟通、审议、辩论、争论等协商民主的各种形式，其实都是公民参与政治生活的重要渠道以及决策科学化民主化不可或缺的环节。选举在中国只有一百多年的历史，所以在我国推行选举的困难特别大，百年来遇到了许多的波折。与选举不同，协商在我国传统政治中有着悠久的历史。在政府的政策制定方面，像商议、讨论、对话、咨询这些传统由来已久。

　　然而，随着协商民主的理论与实践在我国的兴起，围绕协商民主的争议也随之出现。争议主要在两个方面。其一，协商民主的理论与实践，究竟来源于西方还是在我国土生土长的？一种观点认为，协商民主是来源于西方的理论，最初是从西方引进的。另一种观点则相反，认为协商民主植根于我国的政治现实，跟西方的协商民主无关。其实，正像民主是人类政治文明的共同成果一样，作为民主政治重要内容的协商民主当然也是人类文明的共同成果。无论是东方还是西方，只要推行民主政治，必然包括协商民主的共同要素，例如对话、商谈、审议、沟通、辩论等等。但每个国家的协商民主又势必打上自己民族的烙印，各有自己的特色。我国的协商民主一方面深深植根于我国的政治传统和现实，如政治协商和政策磋商，同时又广泛吸取其他文明的优秀成果，例如现代的政策听证和决策咨询等。

　　其二，选举民主与协商民主的关系。一种观点认为，选举对于民主最为本质，判断一种政治是否民主，关键在于自由的选举。这种观点忽视协商民主的作用，认为协商民主可有可无。另一种观点则正好相反，认为对于中国的民主而言，选举无关紧要，协商才是实质性的。有人甚至认为，选举民主是西方的民主，协商民主才是中国的民主。在我看来，这两种极端观点，其实都是有害的偏见。

　　从民主政治的过程来看,选举和协商是两个关键性的环节,前者主要解决"授权"的问题,后者主要解决"限权"的问题。选举民主主要解决权力的产生问题,协商民主则主要解决权力的使用问题。协商民主其实就是决策民主,它与选举民主不处于同一个层面上。选举民主和协商民主属于政治过程的不同环节,不能够相互取代。总之,选举民主和协商民主从性质上来说,是相辅相成的,而不是相互冲突的,我们不能以选举民主去否定协商民主,也不能以协商民主去取代选举民主。选举和协商,对中国特色的社会主义民主政治而言,都是不可或缺的基本要素。

　　　　　　　　　　　　(本文为《协商民主研究丛书》的总序,有删改。)

中国特色的协商民主

　　协商民主这一概念已经成为政治学界的热门话题之一,一些研究西方协商民主的专题论著不断面世,相关的学术研讨也广泛展开。尤其值得一提的是,中共十八大报告还正式提出了推进中国特色社会主义协商民主的要求。协商民主从而成为中国特色民主政治的重要内容,推进协商民主也成为我国民主建设的重要任务。

　　理论界还就协商民主对于中国民主政治发展的意义进行了热烈的争论,出现了针锋相对的两种观点。一种认为,对于中国的民主政治建设而言,选举民主具有压倒一切的重要性,协商民主只能起补充的作用;另一种认为,协商民主对于中国民主政治发展至关重要,中国不应走选举民主的道路,而当走协商民主的道路。正像一句老话所说:真理愈辩愈明。无论对于我国的政治学研究,还是对于现实的政治发展,这样的讨论与争论,都是十分有益的。

　　协商民主理论之所以能够引起学者和官员的热烈关注,我所想到的原因主要有以下几个。

　　首先,协商民主的重要性。对话、磋商、讨论、听证、交流、沟通、商议、辩论、争论等协商民主的各种形式,其实都是公民参与政治生活的重要渠道,是决策民主化和科学化不可或缺的环节。因此,协商民主一直以来都受到政治思想家的高度重视,协商民主也一直是民主实践的重要内容。

其次,我们的政治传统。现实政治的发展,不能离开一个国家的政治文化传统,民主政治建设也不例外。例如,在官员的选拔方面,我国传统政治有察举、科举、荐举,但没有选举。因此,在我国,推进选举民主的困难尤其重大。而政治协商却不然。在政府的政策制定方面,商议、讨论、对话的传统却由来已久。虽然决策过程中的协商和对话主要发生在官员之间,但在传统中国,开明官员"问计于民"的故事也时有所闻。

再次,现实政治的需要。建设一个富强、民主、文明、和谐的社会主义现代化国家,是我们的根本目标,更高地举起人民民主的旗帜,更加积极地推进民主政治建设,是我国政治发展的紧迫任务。政治协商制度,是我国的一种基本政治制度,也是一种极具中国特色的民主协商制度。我国现有的政治制度,为协商民主的发展提供了丰富的制度资源。如何最大限度地发挥这些制度资源在推进协商民主中的作用,自然应当受到理论界的高度重视。

最后,目前的理论环境。近些年来,民主问题再度成为官员和学者关注的热点。如何在经济迅速发展的前提下努力推进中国民主政治的协调发展,如何建设高度发达的社会主义政治文明,什么是中国特色的民主政治道路,应当怎样借鉴西方政治文明的优秀成果,民主与民生是一种什么样的关系,怎样让民主造福于全体中国人民等一系列问题,正在引起所有对国家和民族的前途负有责任感的官员和学者的深入思考和认真探索。围绕协商民主所展开的讨论与争论,也是这种思考和探索的具体表现。

在之前的一篇文章中我不仅简要地分析了协商民主在当代西方发达国家兴起的原因,而且特别强调指出,协商民主是建立在发达的代议民主和多数民主之上的,它是对西方的代议民主(或选举民主)、多数民主和远程民主的一种完善和超越。离开这样一个前提,去看待协商民主,就可能会偏离历史的真实。换言之,协商民主不是一种孤立的理论或实践,它深深植根于当代西方发达资本主义国家的政治现实。对此我们应当有清醒的认识。然而,在理论界目前对协商民主的讨论中,我还是不无遗憾地看到了一种对协商民主与选举民主的简单割裂:认为选举民主无足轻重,协商民主才是民主的实质。

我曾经在许多场合重复指出,选举民主与协商民主是民主政治的两个基本环节,它们是一种互补的关系,而不是一种互斥的关系。民主既是一种政治制度,也是一种政治过程。真正的民主,应当体现在政治制度的各个方面和政治过程的各个环节。从理论上说,可以从不同的角度对民主进行分类,比如直接民主和间接民主,选举民主和协商民主,还有像我们通常所说的"四个民主",即民主选举、民主管理、民主监督、民主决策。事实上,不管对民主怎么分类,如果从环节上看,两个环节最重要,这两个环节彼此不能缺失。第一个环节是民主选举。民主就是人民的统治,可人民对国家的统治一般都不是直接的,而是间接的。间接统治就离不开选举。人类到现在还没有找到另外一个更好的办法,来代替选举的形式,把最能代表人民利益并真正对人民负责的官员推选出来。第二个环节就是决策,这里面包含了协商民主。当一个官员被选举出来后,一定要有一套制度来制约他的权力,让他在决策的过程中能够更多地听取人民群众、利益相关者及有关专家的意见。可见,选举民主与协商民主处于政治过程的不同环节,它们既不能相互取代,也不是相互排斥。

(本文为《协商民主译丛》(二)的序言,有删改。)

增量民主与治理改革

　　尽管与社会经济迅速发展的进程和人们日益增长的需求相比,我国的政治体制还存在许多严峻的挑战,深化政治体制改革依然是一项极为紧迫的任务,但不能否认,改革开放 30 多年来中国的政治发展取得了重大的进步。30 多年的改革开放进程,是一个包括政治生活、经济生活和文化生活在内的全方位的社会进步过程。

　　然而,坦率地说,与人们对经济改革成就的评价不同,对政治改革的成就充满着争议。典型的争论呈两个极端:一种观点认为,中国的政治改革与经济改革一样,进步迅速,成就巨大;另一种观点则认为,与中国的经济发展不同,中国的政治发展几乎停滞不前,没有多少重大成就。海外一些专家甚至认为,不改革政治只改革经济,正是中国创造经济发展奇迹的原因所在。

　　其实,上述争论在相当程度上是因为观察问题的立场和视角不同,如果从宏观政治框架上看,那么中国的政治变迁确实很少。中共一党执政的政党体制没有变,人民代表大会和人民政协的基本制度没有变,党领导行政、立法、司法的政治格局没有变,马列主义主导的一元化政治意识形态也没有变。

　　然而，如果换一种视角和立场，从国家治理的角度来观察中国的政治变迁，就会发现截然不同的另一幅景象：中国的政治生活在过去30多年中也同样发生了巨大的变化。例如，从人治开始逐渐走向法治，首次确立了建设法治国家的根本目标，着手建构较为完备的法律体制，政府行为更多地受到法律的约束；从封闭政治逐渐走向透明政治，首次颁布了政务公开的法规，各级党政权力部门逐渐推行政务公开；从管制政府走向服务政府，出台一系列的措施，大幅度减少行政审批事项，同时为公民提供更多的公共服务；从高度集权走向适度分权，中央政府从财政、税收、审批等多个方面向地方政府分权，同时将更多原先政府管制的事务转交给民间组织，开始向社会分权。

　　毋庸讳言，国家治理更多属于工具理性的范畴。换言之，无论哪一种社会政治体制中，统治者都希望有更高的行政效率、更加稳定的社会环境、更加完善的公共服务，从而有广泛的民意基础。但是，工具理性与价值理性之间并非存在不可跨越的鸿沟，工具理性的改革通常需要价值理性的指导，而且也或迟或早会催生新的价值理性。更进一步说，国家治理的改革虽然是达到既定政治和经济目标的手段，是一种工具理性的改革，但治理改革本身必然体现着某种政治价值，而且势必导致新的政治需求。因此，我一直坚持认为，治理改革是政治改革的重要内容，甚至也是政治体制改革的组成部分。改革开放以来，中国政治生活的进步与变革，主要体现在国家治理领域和社会治理领域的改革和进步。

　　迄今为止，我一直是增量改革的倡导者和践行者。我在20世纪末提出了"增量民主"理论，并且在21世纪初主持发起了"中国地方政府改革创新研究与奖励计划"。在社会各界已有广泛影响

力的"中国地方政府创新奖",便是该计划的重要内容,也是以"增
量民主"推动社会政治进步的一个重要尝试。从 2000 年开始,我
与中共中央编译局比较政治与经济研究中心的同事们一道,利用
"中国地方政府创新奖"这个重要平台,对过去十多年中各级政府
的改革创新案例进行了搜集、整理、分析和研究,对其中的先进案
例进行了奖励、宣传和推广。可以自豪地说,关于中国的民主治理
改革和政府创新,我们中央编译局比较政治与经济研究中心拥有
最齐全的案例数据库。我们一直希望能够通过某种方式,使我们
的案例数据和研究成果能够为更多的学术同行和党政官员分享,
《中国的民主治理:理论与实践》丛书便是这种努力的一个重要结
果,同时是我国在民主治理的实践探索和理论研究方面较为重要
的一个成果汇编。

（本文为《中国的民主治理：理论与实践》丛书的总序。）

两岸"民主试验区"

　　今年是孙中山先生等中华先贤领导的辛亥革命 100 周年。伟大的辛亥革命推翻了中国历史上延续数千年的专制统治,使中华民族步入了现代民主国家的行列。实现中华民族的伟大复兴,是包括孙中山先生在内的所有近代中国仁人志士的共同目标。中华民族的复兴不仅包括国家的统一和主权的完整,也包括经济的富强繁荣,政治的自由民主。近代先贤们复兴中华的伟大目标,有些已经实现,有些正在实现之中,有些则仍须努力奋斗。完成先贤们振兴中华未竟之事业,是全体华夏子孙义不容辞的历史责任。

　　由于历史和现实的原因,中华民族仍然处于分离的状态,大陆和台湾同胞依然隔海相望。两岸之间虽然在经贸和文化交流方面取得了卓然进展,但仍处于不同的体制之下。两岸同胞的分离和"制度之争"严重阻碍着中华民族的崛起和振兴。在"一个中国"的框架下,推动海峡两岸和平发展,促进两岸民主善治,无疑是大陆和台湾同胞携手实现中华民族伟大复兴的重要条件。从这个意义上说,任何有利于两岸和平发展与民主善治的方式都值得探索,任何这样的努力都值得赞赏。

　　今年初,承蒙邓文聪先生的邀请,我有幸出席台湾"爱与和平"

基金会的成立大会暨首届"幸福未来与两岸和平发展"论坛,对邓先生本人及其倡导的理念有了直接的感知。多年来,邓先生一直在大陆发展,是十分成功和知名的台湾企业家,对推动两岸的经贸发展贡献良多。但邓先生的理想远不止此,他更大的理想在于促进两岸的和平发展与幸福未来。故此,在从事经贸活动之外,他不遗余力地推进两岸文化交流和政治互信,并提出了建立"中华民族特色的民主制度"的宏大设想。

按照邓文聪先生的设想,虽然台海两岸处于和平发展的机遇期,在"搁置争议,求同存异"的基础上,两岸逐步迈开了和平发展的步伐,但双方在更为核心的"制度之争"上并未取得共识。因此,他尝试探索一个两岸均能接受的"制度典范",化解大陆与台湾的"制度之争",奠定两岸和平发展的基础。具体地说,就是将中国传统儒家文化的民本思想,与西方的民主制度结合起来,进而形成一个"具有中华民族特色的民主制度"。他据此大胆地倡议,在大陆福建的平潭县设立两岸共治的"民主试验区"。

毋庸讳言,邓文聪先生在大陆设立"民主试验区"的倡议难免会引来不同的解读和反应,也恕我直言,在两岸不同的宪政框架和现实条件下,这一设想很难具有实际的操作性。但是,邓先生推动两岸和平发展与幸福未来,促进中华民族融合和中华民族振兴的拳拳之心,在昭示着对两岸同胞的民族大爱。我完全相信,海峡两岸同胞在振兴中华民族的共同目标下,不存在根本利益的对立。只要本着同胞之爱,凭借我们中华民族的伟大智慧,没有什么东西可以阻挡中华民族的民主善治,没有什么东西可以阻挡中华民族的伟大复兴。

（本文为 2011 年 1 月 22 日作者出席邓文聪先生的"爱与和平"基金会成立大会暨首届"幸福未来与两岸和平发展"论坛的发言,有删改。）

使民主运转起来

　　关于近代西方的民主理论,如果要选择几位最有影响的经典作家,一般总会提及法国的托克维尔、英国的布莱斯、德国的韦伯和意大利的帕累托。前两位以研究民主的运行机制著称,后两位以对民主进行政治社会学的分析闻名。托克维尔分别发表于1835年和1840年的两卷本巨著《论美国的民主》对代议民主的现实运行机制首次做出了深刻而系统的论述,从而成为19世纪中最有代表性的民主经典。布莱斯发表于1888年的《美国平民政治》和发表于1921年的《现代民主政治》对资本主义"黄金时期"的代议民主的优缺点、各种机能和操作规则,作了周详的阐述,是20世纪前半叶最具代表性的民主经典。韦伯和帕累托从社会的、文化的、心理的和组织的角度以民主政治的研究做出了开创性的贡献,成为近代以来西方最负盛名的政治社会学家。

　　二战以来,关于民主政治的著作可谓汗牛充栋,其中不乏深有影响的力作,如罗伯特·达尔(Robert Dahl)的《现代民主理论导言》和乔万尼·萨托利(Giovanni Sartori)的《民主新论》等。但在20世纪90年代以前,没有哪一本民主理论的著作能与上述四位作家的经典之作相提并论,没有哪一位评论家或学者敢说已经出现了与托克维尔的《论美国的民主》相媲美的民主理论杰作。然而，这种情况到了 90 年代却忽然被改变了。1993 年发表了一本轰动整个西方政治学界的著作，书名是《使民主运转起来：现代意大利的公民传统》(*Making Democracy Work：Civic Traditions in Modern Italy*)，作者是美国哈佛大学政治学教授罗伯特·D. 帕特南(Robert D. Putnam)和另外两位政治学者——罗伯特·列昂那第(Robert Leonardi)与拉法拉·纳尼蒂(Raffaella Y. Nanetti)。这是三位作者整整 20 年潜心研究的结果！

《使民主运转起来》一书的发表，首先使得出版商和政治学者"运转"了起来：从 1993 年初次发表到 1994 年的一年间，该书就连续印行了 5 个版次(因为我手头拥有的是 1994 年印行的第 5 版，至今到底发行了多少版次尚不得而知)。学者对此书的评论更如风起云涌，其评价之高几乎令人咋舌。仅举以下两例即可见其一斑。戴维·基尔普(David L. Kirp)说，将任何肉麻的吹捧之词加于其上也不过分，这本书简直就是我们这个时代的《论美国的民主》。《经济学家》杂志则认为，这是一本可以与托克维尔、帕雷托和韦伯的著作相提并论的社会科学的巨著，政治家和政治科学家有可能将因此不得不重新思考亚洲、拉丁美洲和东欧的民主前景。那么，这本被称为托克维尔的《论美国的民主》再世的著作究竟是一本什么样的书呢？

像任何其他关于民主理论的名著一样，本书的主要宗旨也是试图回答"为什么有些民主政治成功了，而另一些则失败了"这一政治学中古老而又新颖的问题。但与一般著作不同，该书是一本实证性的研究著作。它以 20 世纪 70 年代后的意大利作为个案，通过研究意大利地区的公民生活来探索某些根本性的和普遍性的民主政治理论问题。按照作者自己的说法，本书为以下两部分读者而写：一部分读者与作者一样对意大利人生活中的精妙之物，不胜神往；另一部分读者虽对此不感兴趣，但对民主的理论与实践却颇为关注。该项研究开始于 1970 年春，从 20 世纪 70 年代初一直到 20 世纪 80 年代末，历经 20 个春夏秋冬，终成此稿。

作者之所以选择意大利作为个案研究的对象，当然有其深刻的理由。意大利曾经是臭名昭著的专制独裁国家，产生过法西斯主义，并且曾两度成为世界大战的罪魁祸首。二战结束后，意大利国内人民及国际社会一同致力于其政治民主化过程。在国内和国际的强大压力下，战后意大利的政治民主化进程在一片废墟中得以艰难地启动，在 20 多年时间内基本确立了民主政治的框架。但是，在这样一个有着深厚专制主义传统的国家，民主政治的建立和发展决不可能一蹴而就。民主政治框架的真正有效运转其实是 20 世纪 70 年代以后的事。20 世纪 70 年代的政治改革打破了意大利整整一个世纪的中央集权模式，前所未有地将权力和资源转托给了新的地方政府，从而促使整个意大利的民主政治脚踏实地地向前发展，昔日的专制形象和传统真正为今日的民主所取代。

在这样一个特殊的国度中如何才能实现民主政治？这本身不仅是一个政治学的理论问题，更是一个现实问题，它引起了国际政治学界的广泛关注。帕特南等人从 20 世纪 70 年代初开始，就一直跟踪研究意大利民主政治的发展轨迹，试图从过去 20 年意大利某些地区所从事的制度改革实验中得出相应的经验和教训。他们的探索深入到了公民的生活、集体行动的逻辑和中世纪意大利的历史。他们的研究手段完全是经验性的，但研究的目的却是高度理论性的。20 年的研究始终围绕着以下这些重大的民主理论问题而展开：为什么有些民主政府成功了，而另一些却失败了？正式的制度是怎样影响政治与政府的实践的？如果人们对这些制度加以改革，会产生什么样的实践后果？制度行为依赖于它周围的社会、经济和文化环境吗？如果我们移植民主制度，它们会像原来那样在新环境中成长起来吗？或者说，一种民主制度的质量是否依赖于公民的素质，所以每一民族都应得到他们应当得到的政体？显而易见，意大利20年制度发展的历史延续性所提出的这些理论问题，远远超越了意大利本身的界限，而涉及到了具有普遍意义的有关民主、经济发展和公民生活的根本问题。

（本文为《使民主运转起来》一书的导言，有删改。）

论治理

　　治理不同于统治,它指的是政府组织和(或)民间组织在一个既定范围内运用公共权威管理社会政治事务,维护社会公共秩序,满足公众需要。治理的理想目标是善治,即公共利益最大化的管理活动和管理过程。善治意味着官民对社会事务的合作共治,是国家与社会关系的最佳状态。

从统治走向治理

"治理"原来是一个社会科学的术语，自从中共十八届三中全会将"推进国家治理体系和治理能力的现代化"作为全面深化改革的总目标后，它便成为中国政治的热门话语。对其含义的种种不同解读，甚至各种争议也随之产生。有人认为它是西方的政治概念，有人则认为它在我国古代就早已有之。其实，治理就其字面意义而言，就是"治国理政"，作为人类的一种基本政治活动，它存在于古今中外的每一个国家和每一种文明之中。然而，作为政治学的一个重要新概念，它则是当代的产物。治理不同于统治，它指的是政府组织和（或）民间组织在一个既定范围内运用公共权威管理社会政治事务，维护社会公共秩序，满足公众需要。治理的理想目标是善治，即公共利益最大化的管理活动和管理过程。善治意味着官民对社会事务的合作共治，是国家与社会关系的最佳状态。

治理问题是我长期从事的主要研究领域之一，从20世纪80年代获得北京大学政治学博士学位后，我一直身体力行地倡导治理理论的研究，并在实践中努力推动从统治走向治理。我对治理问题的研究，最初是从译介和评析西方治理理论开始的。在这个过程中，我努力将其与中国的现实相结合，无论是术语的翻译和概念的界定，还是治理要素和标准的确立，处处都体现了治理理论和实践的中国化过程。许多人会以为，目前在国内已经流行的治理理论不过是对西方理论的翻译和搬用，少数人还据此抵制，甚至加以批判。我完全不同意这种看法和做法。

从统治走向治理，是人类政治发展的共同规律，不仅适用于西方国家，也同样适用于东方国家。中共十八届三中全会，把"完善和发展中国特色社会主义制度，推进国家治理体系和治理能力现代化"作为全面深化改革的总目标，是重大的理念创新。"国家治理体系和治理能力现代化"，或者简称为"国家治理现代化"，这一新的概念是中国共产党的创造，而绝不是对西方治理理论的照抄照搬。实际上，在英文文献中至今还没有与"国家治理现代化"相对应的概念。国家治理现代化这一全面深化改革的总目标，不仅立足于中国特色社会主义的现实，也完全符合人类政治发展的普遍趋势。另一方面，也要实事求是地承认，对现代国家治理系统深入的专门研究，最初起源于西方发达国家。不能因为发达国家率先进行了"少一些统治，多一些治理"的政治变革，并且对治理问题率先进行了研究，发展起了各种治理学说，就认定这只是西方的理论或实践。一种理论或实践，只要反映了人类社会的共同规律，无论最初在哪个国家或哪个地区出现，它们都最终会在其他国家和地区发生作用，并成为人类文明的共同价值。今天我们已经须臾不可离开的民主、自由、人权、法治、现代化、工业化、全球化等，莫不如此。

包括中华文明在内的任何伟大文明，其之所以伟大，一个重要原因在于善于向其他文明学习借鉴合理的和优秀的成分。近代以来，西方文明对人类文明的贡献比其他文明更多一些，相应地，其他文明向西方文明学习借鉴的东西也会多一些,这是一个事实。不过,即便如此,人类文明的进步端赖于世界各大文明之间的相互学习和相互借鉴。多样性是人类文明的本质特征。试图用某种单一的文明,去取代人类多样的文明,不是"梦呓",便是欺骗。把学习借鉴西方文明的合理因素,推动国家走向现代化,简单地视为"西化"甚至"全盘西化",是极不负责的一种态度。

"西化"和"全盘西化",既是不可能的,也是不可欲的。说它是不可能的,是因为像中国这样有着悠久历史文化传统并且充满民族特色的国家,根本不可能被外来文明同化了。担心因为向西方文明学习,我们的中华文明便将"全盘西化",类似于古人所说的"杞人忧天"。我们的历史记忆恰恰相反,不是外来文明同化了中华文明,而是中华文明同化了其他文明。说它是不可欲的,是因为毫无创造性地照抄照搬其他文明,决不可能成就一个伟大的民族,不可能发展起一种伟大的文明。

中共十八届三中全会,把"完善和发展中国特色社会主义制度,推进国家治理体系和治理能力现代化"作为全面深化改革的总目标,是重大的理念创新,也必将有力地推动中国的民主治理进程。这一全面深化改革的总目标,既立足于中国特色社会主义的现实,也符合人类政治发展的普遍趋势。作为一名中国的政治学者,特别是作为一名多年倡导治理研究的学者,我尤其感到高兴。

（本文为作者自己的专著《论国家治理现代化》的序言，有删改。）

追求善治

　　治理指的是公共权威为实现公共利益而进行的管理活动和管理过程。治理与统治既有相通之处,也有实质性的区别。两者的实质性区别之一在于,统治的主体只能是政府权力机关,而治理的主体可以是政府组织,也可以是非政府的其他组织,或政府与民间的联合组织。统治的着眼点是政府自身,而治理的着眼点则是整个社会。正像政府的统治有"善政"与"恶政"之分一样,治理亦有"善治"与"恶治"之分。善治是治理所追求的理想状态,它是公共利益最大化的管理过程。善治的本质特征,就在于它是政府与公民对公共生活的合作管理,是政治国家与公民社会的一种新颖关系,是两者的最佳状态。善治包含着传统善政和现代民主的基本要素,特别是法治、参与、公正、透明、责任、稳定、廉洁等,已经成为人类在 21 世纪政治合法性的重要来源。

　　治理活动是一种政治行为,它体现着一定的政治价值。因而,治理改革是政治改革的重要内容,治理体制也是政治体制的重要内容。但与统治行为相比,治理活动的技术性因素要重于其价值性因素。在社会政治生活中,治理是一种偏重于技术性的政治行为。不同政治制度下的政府都希望有更高的行政效率,更低的行政成本,更好的公共服务,更多的公民支持。换言之,无论是东方国家还是西方国家,社会主义国家还是资本主义国家,发展中国家还是发达国家,各国政府都希望有更好的治理。可以说,从善政到善治是人类政治发展的共同趋势,追求善治是各国政府的理想目标。"少一些统治,多一些治理",已经成为普遍的政治要求。不断地从统治走向治理,努力实现公共管理从管制型向服务型转变,这是人类政治发展的根本方向。

改革开放以来,中国社会发生了天翻地覆的巨大变化。中国的改革开放过程,是经济、政治、文化和社会的整体进步过程,不仅带来了举世瞩目的经济发展成就,也导致了民主法治的重大进步。中国领导人坚决拒绝多党竞争、三权分立和最高领导人直接选举等源于西方的政治发展模式,坚持中国共产党领导的基本政治制度。因此,改革开放以来,中国的政治进步集中体现在政府的治理改革上。推行村民直接选举,试行乡镇领导公推直选;确立法治国家目标,建设法治政府;扩大公共服务范围,改善政府公共服务质量;推进政务公开,提高政治透明度;培育社会组织与民间组织,建设公民社会与和谐社会;实行官员问责制,建设责任政府等等,所有这些都是中国在民主治理方面取得的重大成就,也是中国特色政治发展模式的重要内容。

（本文为作者为《中国治理评论》所写的发刊词,有删改。）

政治现代化——第五个现代化

中共十八届三中全会提出的"国家治理体系和治理能力现代化",实际上是在继工业、农业、国防、科技"四个现代化"之后正式提出了"第五个现代化",即政治现代化。为什么这样说?因为国家治理体系的基本内容,就是国家的制度体系。按照马克思主义的逻辑,国家制度属于政治上层建筑的范畴,国家治理体制的现代化,便是政治的现代化。政治的核心是公共权力,公共权力的核心是政府。因而,国家治理的现代化,或政治的现代化,关键在于政府自身的现代化,尤其是政府治理的现代化,即政府治理体系和治理能力的现代化。

影响政府治理现代化有三个基本变量,它们是:政府官员的素质、政府治理的制度和政府治理的技术。如何提高官员的素质、完善治理的制度和改善治理的技术?最有效的途径,就是进行政府治理创新,建设一个创新型政府。

政府治理创新又简称政府创新,它是公共权力部门为增进公共利益而进行的创造性改革。政府创新首先是一种行政改革,包括行政管理体制、行政机构和行政程序的改革,其直接目标就是改善政府治理。

　　中共十八大后产生的新一届政府上任伊始,便正式提出了建设"创新型政府"的目标。创新型政府的主要特征,就是政府部门将创造性的改革作为提高行政效率、改善服务质量、增进公共利益的基本手段。政府创新不仅直接关系到行政效率和执政能力,也从根本上关系到经济发展、政治民主和社会稳定。政府创新属于政治改革的范畴,事关价值理性;但政府创新的直接目标是改善国家的治理,更是一种工具理性。

　　无论在哪一种社会政治体制下,每一个国家的政府都希望有更高的行政效率,更好的公共服务,更多的民众支持。因此,政府创新为各国政府所重视,是一种世界性的潮流。例如,美国哈佛大学肯尼迪政府学院举办一项"美国政府创新奖",旨在鼓励从联邦到州县各级政府的创新实践。在过去 22 年中,"美国政府创新奖"共有 27 000 个申报项目,年均在 1 500 个左右。中央编译局比较政治与经济研究中心与北京大学中国政府创新研究中心从 2000 年开始也发起举办了"中国政府创新奖",在过去 14 年中总共举办 7 届,总共有 1 913 个地方政府创新项目参与申报,年均申报不到 140 个,只有美国的十分之一弱。

　　从我国以及世界各国的政府创新实践来看,政府创新的直接目标,就是推进政府治理的现代化。它主要包括九个目标:① 民主,即提高决策和管理过程的民主性;② 法治,即提高政府立法质量,推进依法行政;③ 责任,即主动尽责,积极回应公民诉求;④ 服务,即强调服务意识,突出公共服务职能;⑤ 优质,即提供优质的公共产品、公共服务和公共管理;⑥ 效益,即提高行政效率,低管理成本,建设低成本政府;⑦ 专业,即政府管理职业化,技术官员和职业政治家队伍开始形成;⑧ 透明,即政务信息公开性,保证公民的知情权;⑨廉洁,即官员奉公守法,清正廉洁。在上述九个目标中,民主政府是前提,法治政府、责任政府、服务政府、效益政府、廉洁政府、透明政府,则已经明确地写进了党和政府的文件,成为我国各级政府的施政要求。优质政府和专业政府也应当而且必将受到日益重视,事实上有些地方政府已经提出了类似的目标。

改革开放以来,我国政府创新取得了显著的成就,有力地推动了我国的社会政治进步。但是,坦率地说,从"中国地方政府创新奖"的评选案例来看,我国的政府创新和政府治理现代化依然存在着重重阻力和障碍,特别是政府官员的责任心不强且官本位意识严重,政府创新的动力不足,制度设计不够科学合理,政府行为的法治化和规范化程度不高,政策和制度缺乏足够的可持续性,政府的投入—产出比偏低。

针对这些问题,在建设创新型政府方面,推进政府治理现代化方面,我们应当着重做好以下几个方面的工作:

第一,进一步改革和完善政府治理制度,提高政府治理的效益。制度的科学性、合理性、协调性和可持续性,是推进政府治理现代化的基本条件。改革开放以来,党和政府十分重视制度建设,已经初步建立了一个与市场经济体制相适应的政府治理体系,但还很不完善。一些必需的治理制度尚有严重缺失,不少制度的设计很不科学,政出多门、制度打架的现象还大量存在,特别是人走政息、制度不持续的情况还相当普遍。因此,目前制度建设的重点,应当是增强制度设计的科学性、合理性、协调性和可持续性。

第二,想方设法增强政府创新的动力。首先要合理划定上级政府的权力边界,增大地方政府的自主性,为各级政府的治理创新提供基本的制度保障。其次要制定有效的考核奖励政策,积极鼓励创新行为。给创新者以人力、物力、财力、信息和政策的保证,形成足够强大的激励力量,激发人们的创新积极性。最后,要降低人们为创新所承担的风险,支持敢冒风险的创新者,奖励和重用为社会做出重大贡献的创新者。

第三,完善和强化领导干部的责任机制。政府对人民群众的责任,是通过各级官员得到实现的。在官员的责任方面,一方面要完善责任机制,既不能让官员承担无限责任,也不能让官员不负责任。权力与责任要对等,不允许存在只有权力而没有责任的特殊部门。另一方面要强化各级官员的责任意识,不仅要有被动的"问责",更要有主动的"尽责"。此外,要通过制度性的措施,来破除社会上普遍存在的"官本位现象"和"官本位意识"。

第四,革新政府治理的技术。政府治理的现代化离不开现代的技术工具,除了运用法律的、行政的基本手段外,现代的政府治理还应当善于运用市场工具、社会工具、舆论工具和网络工具。各级政府要进一步简政放权,让市场的归市场、社会的归社会,充分利用现代信息技术和网络技术,增强政府的透明度和开放度,提高行政效率。

第五,要善于总结各级政府的改革创新经验,及时将成熟的改革创新政策上升为法规制度。近些年来,各级地方政府在推进政府治理现代化方面进行了许多改革创新的尝试,既有成功的经验,也有失败的教训,无论是经验还是教训,都是深化政府治理改革的宝贵财富。对于那些成功的政府创新经验,尤其应当认真总结,及时上升为法规制度,在更大的范围进行推广。

总而言之,善治是国家治理的理想状态,而善政则是善治的关键。要实现国家治理的现代化,首先应当实现政府治理的现代化。

从这个意义上说,十八届三中全会确立的全面深化改革总目标能否顺利实现,在很大程度将取决于政府自身的现代化,特别是政府治理的现代化。

（本文为《中国地方政府创新案例研究报告》（2014—2015）的序言,有删改。）

政党政治与国家治理

　　近代的政党,是基于一定的阶级或阶层之上,为了夺取和巩固国家的政治权力,从而维护特定利益的政治组织。与其他政治组织相比,政党最明显的特征,就是它有着明确的政治目标,即夺取政权和维护政权。除了执掌国家政权这一基本职能外,政党也是现代社会中最重要的利益表达和利益综合机构,是连结政府与民众的政治桥梁。政党还是国家政治生活的最重要组织者,是公民参与国家政治生活的重要平台,它履行着政治动员、公共参与和政治教育等重要的政治职能。因此,从权力的角度看,在所有政治组织中,政党是最重要的政治组织,它对近代国家的政治生活有着极为重要的影响。实际上,近代政治就是政党政治。国家权力主要由政党掌握,并且通过政党运行。

　　由于政党在国家公共政治生活中起着如此关键性的决定作用,规范政党组织本身及其成员的行为和活动,就变得极其重要。从国家的角度看,宪法及相应的专门法律,通常要对政党参与国家政权的方式、途径、范围等做出原则性规定,从而形成了不同的政党制度,如多党制、两党制、一党制、一党主导或一党独大制、多党合作制等等。从政党自身的角度看,每个政党都必须有一整套政治纲领和规章制度,明确宣示政党的性质、使命、目标、任务和政策倡议,详细规定党员的资格、条件、义务、责任、权利,以及党的组织形式、选举制度、领导机制、决策程序和纪律约束等。广义上说,政党制度既包括政党的外部制度,也包括政党的内部制度,它们一起构成国家政治制度的重要组成部分。

如果说主权国家是国际政治舞台的主角,那么政党便是国内政治舞台的主角。除了少数小国之外,世界上绝大多数国家的政权实际上都掌握在执政党手中。一个个政党的产生、发展、壮大、掌权、下台、消亡,以及各个政党之间的竞争、合作、争斗、兼并、分化、组合,构成了现实政治生活一幅五彩斑斓的图景。要真正了解当代世界,就要了解世界各国的政治图景,那就不能不了解主演这些政治图景的各个政党。世界的丰富多彩,不仅体现在文化传统、生活方式和乡土风情上,也体现在社会结构、发展模式和政治体制上。进而言之,要真正了解一个国家,就要了解这个国家的政治体制;而要了解一个国家的政治体制,就不能不了解这个国家的政党制度。

中国共产党是按照马列主义原则建立起来的一个革命政党,在夺取国家政权后,特别是在改革开放后,它逐渐从一个革命党转变为执政党。党的根本宗旨没有改变,但党的群众基础、指导思想、组织结构、领导机制和执政方式等,都发生了重大的变化。坚持人民主体地位,发展人民民主已经成为中共执政的基本政治目标;民主、自由、平等、公正、法治、和谐,已经成为中共追求的核心政治价值;民主执政、依法执政和科学执政,已经成为中共的基本执政方式;建设中国特色的社会主义法治国家,推进国家治理现代化,已经成为中共全面深化改革的总目标。所有这些都表明,中国共产党自身正处于现代化的转型之中，实现治理的现代化，不仅是党执政治国的目标，也是党自身建设的目标。政党治理的现代化，是世界各国主要政党共同面临的时代课题。一些政党在推进治理现代化方面，取得了成功的经验，得以继续在本国的政坛叱咤风云；而另一些政党则付出了惨重的代价，直至失去了政权。学习和借鉴国外政党的成功经验，记住并避免它们的失败教训，对于中国共产党实现治理现代化，有着重要的现实意义。

　　1998 年，我曾经主编过当时国内唯一的《当代各国政治体制》丛书，总共有 16 册之多，内容包括了世界各主要国家。那套丛书比较客观地介绍了各国主要政治体制，为读者全面了解当代世界的各种政治制度提供了翔实的资料，从而广受好评。此后，我一直想编纂一套介绍世界各主要政党制度的丛书，可惜终未如愿。巧的是，前几年中央为了加强党内法规建设，需要了解和借鉴国外政党的经验做法，有关部门便委托我局编译国外主要政党的规章制度。我认为，这些党内规章制度，虽不能在整体上等同于政党制度，但却在很大程度上体现了党的组织制度、领导制度、决策制度和纪检制度，因而，编译这些国外政党的法规制度，不仅对于我们加强党内法规建设有其借鉴意义，而且将这些材料正式汇编出版，也可以在一定程度上起到帮助读者了解世界各国政党制度，从而更全面地了解世界各国政治制度的作用。

　　　　　　　　　（本文为《世界主要政党规章制度文献》的总序，有删改。）

政府创新的特点

　　政府创新,就是公共权力机关为了提高行政效率和增进公共利益而进行的创造性改革。在我国,作为政治领导核心的中国共产党直接掌握着重要的国家政权,党的各级领导部门也是公共权力机构。因此,我们这里所说的政府创新,不是狭义的政府改革,而泛指掌握实际政治权力的各级党组织和政府机构所进行的创造性改革。政府创新的过程,是一个持续不断地对政府公共部门进行改革和完善的过程。与其他人类创新行为一样,政府创新也具有创造性、学习性、自觉性、系统性、风险性等一般特征。此外,政府创新还具有明显不同于一般创新行为的某些特征。首先,政府创新具有公共性。政府创新的主体是公共部门,特别是公共权力部门;政府创新的最终目的也是为了改善公共服务,增进公共利益。其次,政府创新具有全局性。政府创新所产生的影响,主要不是政府公共部门自身,而是广大的公民。由于政府掌握着社会的政治权力,政府创新的结果通常对社会有着广泛而深刻的影响。最后,政府创新具有政治性。政府创新是政治体制改革的重要内容,它直接涉及权力关系和利益关系,十分敏感,风险性也比其他创新行为更大。在社会主义民主政治的条件下,政府创新的目标,就是实现以民主、法治、责任、服务、质量、效益、专业、透明和廉洁为要素的善政。

我国的改革开放,是一个整体性的社会变迁和进步过程。除了社会主义市场经济体制的建立和物质财富的极大增长之外,社会的文化生活和政治生活也发生了实质性的变化。从政府创新的角度看,改革开放后中国政治发展的总体方向,就是一个不断走向善政和善治的过程。这集中地体现在以下这些方面:在党内民主方面有:两票选举村党支部书记、公推公选乡镇党委书记、民主推选地方权力机关的候选人;在政治透明方面有:政务公开,包括听证制度、村务公开、警务公开、司法公开、检务公开、政府上网、任前公示、离任审计、舆论监督等;在行政服务方面有:市长热线、领导下访、扶贫济弱、法律救助、治安联防、全民教育、首问责任制、一站式服务等;在干部制度方面有:竞争上岗、两票直选、三轮两票、公推公投、行政诉讼、廉政建设等;在行政效率方面有:行政审批、行政责任、政府采购、突发事件处理等;在民主自治方面有:村民自治、社区自治、乡镇长直选、职业自治、区域自治、民间组织等。

各级政府在社会的各种创新中,特别是在制度创新中,有着举足轻重的地位。建设一个创新型国家,要求我们有一个创新型的政府。胡锦涛主席在2006年的全国科技大会上提出了建立"创新型国家"的战略目标。要成为一个"创新型国家",就必须更加努力地进行制度创新、理论创新、科技创新和文化创新。必须努力为创新提供良好的制度保障和有利的文化氛围,使创新成为一种社会风气。这既是学术研究部门、舆论媒体和社会各界的职责,但更是政府的职责。政府不仅要在推动社会创新中起关键作用,而且政府自己就首先应当成为创新的表率、民主的表率和文明的表率。

　　我国的社会政治经济发展正进入一个新的历史阶段,政府管理体制的创新尤其具有紧迫性。中共十六届五中全会决议指出,政府行政管理体制的改革,是进一步深化改革的关键。社会主义市场经济体制改革的进一步深入,社会主义物质文明、政治文明和精神文明的协调发展,人民群众物质生活水平和民主权利意识的日益提高,对我国的政府管理体制提出了新的要求。政府自身的改革和创新对社会进步具有特别重要的意义。政府是国家政治权力的实际掌握者,是社会进步的火车头。政府的一举一动都极大地影响着社会的治理状况,影响着全体公民的思想和行为,影响着社会的稳定与发展。政府创新对推动政治体制改革,提高党和政府的执政能力,建设社会主义和谐社会,推进社会主义民主政治建设,实现经济、社会、政治的协调发展和社会的全面进步,有着极其重要的作用。

（本文为《中国政府创新年度报告 2006》的序言，有删改。）

鼓励政府创新

21 世纪已经过去了 10 年。在这新世纪的最初 10 年时间中，无论是世界还是中国，都发生了巨大的变化。作为新世纪的产物，中国地方政府创新奖也走过了整整 10 年的历程。它从一个侧面记录和反映了在全球化背景下中国社会在政治方面的进步与变化。

中国地方政府创新奖最初由中共中央编译局比较政治与经济研究中心、中共中央党校世界政党研究中心和北京大学中国政府创新研究中心联合发起，是"中国地方政府改革创新研究与奖励计划"的一个重要组成部分。这是国内第一个由专业机构举办、以科学的标准和程序对政府创新进行评估的民间奖项。我们发起"中国地方政府创新奖"的根本目的，就是鼓励地方党政机关积极进行政府管理体制改革，改善民生，推进民主法治。与林林总总的各类奖项相比，"中国地方政府创新奖"具有五个突出特点，即独立性、公益性、科学性、综合性和透明性。

10 年过去了，作为项目总负责人，现在我可以代表"中国地方政府创新奖"组委会和项目组全体成员，自豪地说，我们基本上达到了预期的目标，实现了我们发起这一活动的初衷。在过去的 10

年中,我们总共举办了五届地方政府创新奖的评选。先后有 1 500 多个省、市、县、乡镇等各级地方政府的创新项目申报我们的奖项,范围覆盖了中国大陆的所有省、直辖市和自治区。其中有 50 个项目获得优胜奖,113 个项目获得入围奖,获奖项目的内容不仅涉及到依法行政、责任政府、行政效率、公共服务、环境保护、扶贫济困、社会管理等政府公共行政改革,而且还广泛地涉及到民主选举、政治参与、政务公开、干部选拔、权力监督、立法改革、司法改革、决策改革等政治体制改革。

通过地方政府创新项目的申报、评选、调研、奖励和宣传,我们取得了众多重要的收获。① 发现了一大批地方政府的优秀改革创新项目,这些创新实践给当地的人民群众带去了实实在在的政治和经济利益,改善了民生。② 许多政府创新项目通过我们的平台得以在更大的范围内推广和扩散,有些甚至上升为党和国家的制度,有力地推动了社会政治的进步。③ 不少地方政府的改革创新经验,在课题组的帮助下得以在理论上加以总结、概括和提升,既提高了政府创新的水平,也促进我国政治学理论的研究。④ 中国地方政府创新奖致力于搭建各地改革创新经验的交流平台,我们总共召开了 9 届"中国政府创新论坛",编发了 70 期《中国政府创新简报》,为各地政府的相互学习交流和上级部门的决策创造良好的条件。⑤ 通过 10 年的努力,建立了一个由专家学者、政府官员和媒体朋友组织的政府创新网络,我们努力让更多的人能够通过这个网络共享中央与地方、政界和学界、国内和国外关于政府创新的实践成果和理论成果。⑥ 建立了迄今为止国内外信息量最大的关于中国地方政府创新的专题案例数据库,为深化对中国政治的学术研究积累了第一手的数据材料。⑦ 逐步发展起了一整套包括申请资格、选拔标准、评选程序、工作规程在内的中国地方政府创新奖评选规则，以确保评奖的公正、公平、透明和合理。⑧ 最后，通过对政府创新奖的评选和跟踪研究，我们培养了一支精干而充满活力的青年学者队伍，推出了一批关于中国政府创新的学术成果。

中国地方政府创新奖之所以能够取得上述成果，最主要的原因在于它适应了改革开放以来中国社会政治进步的需要，顺应了政府创新的普遍趋势，反映了地方政府改革创新的现实进程。此外，"中国地方政府改革创新研究与奖励计划"从发起之日起，就得到了社会各界的大力支持，从党政领导和专家学者，到企业界和新闻界的朋友，历届评奖都有各界代表的深度参与。10 年的坚持和发展壮大，也与一个充满责任和活力的核心团队、科学而严密的评选规程、友好而共赢的合作网络密不可分。在这里，我谨代表中国地方政府创新奖组委会向所有参与、支持、帮助过我们的各界朋友表示诚挚的感谢和崇高的敬意！

中国的改革开放过程是一个走向富强、民主、文明的全面的社会进步过程。不断地提高民主治理的水平，是中国政治现代化和政府创新的内在要求。经济社会条件的发展变化、公民政治需求的增大、政治发展自身的逻辑、新型政治文化的形成、全球化的冲击以及中国共产党从革命党向执政党的转型，正在催逼着我们进一步解放思想，在政府管理体制的一些重点领域进行突破性改变，实质性地推进我国的民主法治进程，提高政府民主治理的水平。我国的政府创新也同样遵循着政治现代化的五个普遍性发展趋势，即从管制政府走向服务政府，从全能政府走向有限政府，从人治走向法治，从集权走向分权，从统治走向治理。应当说，我国政府改革创新的目标已经非常清晰,这就是:民主、法治、公平、责任、透明、廉洁、高效、和谐。与这些要求相比,政府改革创新依然还面临着一些严峻挑战,如政府改革还缺乏整体性和战略性规划、政府创新的内在动力不足、政府决策机制需要进一步完善、不少改革创新举措应当上升为国家制度等等。我认为,在未来的 10 年中,社会公正、生态平衡、公共服务、社会管理、官员廉洁、党内民主和基层民主将是政府创新的重点领域。

在这个变动不定、日新月异的时代,过去的成就实在是微不足道的,重要的是未来的行动。积过去 10 年的经验,我们有信心和决心以 10 周年为契机,在下一个 10 年中把中国地方政府改革创新研究与奖励计划推进到一个新的水平。为此,我们将推出以下五个方面的新举措:第一,继续推进和不断完善中国地方政府创新奖的申报、评选、奖励和推广工作,逐渐将申报和评选范围从各级地方政府向包括中央政府在内的所有党政机关开放;第二,借鉴和依托中国地方政府创新奖的评选经验和力量,组织发起"中国社会创新奖"的评选活动,充分发挥社会组织的作用,努力激发社会活力,推进以政府与公民共同管理为主要特征的社会善治;第三,设立支持改革创新的专项基金,从经费上保障"中国政府创新奖"和"中国社会创新奖"的可持续发展;第四,重点开展对未来 30 年中国社会管理和政治体制的对策研究,为党和国家决策提供高质量的政策建议;第五,推进中国地方政府创新奖的成果转化工作,建立更加广泛的合作伙伴,适时开发政府创新案例数据库,让中国政府创新的成果为更多的人所共享。

让我们更加紧密地携起手来,在"创新、民主、文明"的共同旗号下,为推动我国的民主进步事业和社会主义政治文明建设做出更大的努力。

（本文为《政府创新的中国经验：基于"中国地方政府创新奖"的研究》的序言，有删改。）

政府责任与责任政府

2009 年 5 月 22 日,中共中央政治局审议通过了《关于实行党政领导干部问责的暂行规定》,将已经在一些地方和部门实行了一段时间的领导干部问责制进一步规范化和制度化。官员问责制只是建设责任政府的众多环节之一,但却是关键性的环节,问责制的推行表明中国在建设责任政府方面迈出了实质性步骤。

在任何政治制度下,政府官员都必须负有基本的责任。但是,一个政府履行了其责任并不意味着这个政府就是"责任政府"。责任政府有其特定的含义,它指的是在民主政治条件下,政府把对人民负责当作其基本的职责,并且通过一系列的具体制度和机制确保政府履行其基本职责。虽然政府总是与权力联系在一起,政府就是合法地使用权力的组织,但是,责任政府不以权力为本位,而以责任为本位。既然执政为民是对民主政府的基本要求,那么,对人民负责便自然成为政府的基本职责。责任政府通过一系列的法律、规章和政策,将政府要承担的正当责任、履行职责的办法、渎职失职应当受到的处罚加以制度化和规范化。

政府的责任很多,其基本的责任包括维护国家的安全,维持社会的秩序,推动经济的繁荣,促进文化的发展,维护社会的公正,保障公民的权利。除了这些基本职责之外,在民主政治和市场经济的条件下,政府还有一项特别重要的责任。这就是提供社会公共服务,尤其是在环境保护、基础建设、义务教育、公共安全、公共卫生、扶贫济困等方面。因此,人们通常把责任政府与服务政府联系起来,甚至经常不加区分地把两者放在一起。这表明,责任政府不是一个空洞的口号,它要具体地体现为政府对社会和公民所提供的公共产品和公共服务。责任政府不仅要求官员有责任意识,而且还要有服务意识。

政府的责任主要体现在其主动责任和被动责任两个方面。首先,各级政府及其官员都必须主动地自觉地履行宪法和法律明确规定的各项职责,只要接受了某个政府的公共权威职位,就同时意味着承担了相应的法定责任。这一责任是政府的主动责任,政府及其官员如果没有履行这些基本职责,轻则是违约,重则是违法。其次,政府及其官员必须对其管辖的公民的正当要求有及时的回应,这是政府的被动责任。如果政府没有对公民的正当诉求在规定的期限内做出适当的回应,也是一种失职。因此,一个责任政府,不仅要在公民对其提出直接的诉求时被动地有所作为,更要在公民没有直接诉求时主动地有所作为,创造性地履行它对公民所承担和许诺的各种责任。

对政府责任特别是对责任政府的研究,是我国政治学的一个薄弱点。在这一方面,理论研究明显地滞后于政治现实。陈国权教授所著的《责任政府:从权力本位到责任本位》是一部比较系统而深入地研究责任政府理论与实践的力作。该书有两个特点尤为突出。一是视野开阔。作者把责任政府放在全球化、市场经济和民主法治的大背景下进行分析和论述,这不仅把建设责任政府提升到了发展民主政治的战略高度,而且揭示了责任政府实乃当代政治发展的必然趋势。二是强烈的现实关怀。政治学是一门与现实关系十分密切的科学,推进现实的民主政治进程,是政治学者的一种崇高责任。

（本文为《责任政府》一书的序言，有删改。）

社会管理的社区样本

　　社会生活需要规范，社会事务需要管理，大概没有人对此会有异议。然而，当工商管理和行政管理已经成为一门独立学科时，社会管理却只是在最近几年才受到重视，社会管理体制这一概念也只是在近几年才被人关注。究其原因，是因为我们的传统社会体制，是一种高度一元化的体制。党政不分、政企不分、国家与社会不分、政治生活与经济生活不分，是传统体制的特征。改革开放后，我们引入了社会主义市场经济体制，绝对一元化的社会体制开始发生根本性的变化。党和政府之间开始逐渐分开，于是行政管理便应运而生；政府和企业也开始逐渐分开，于是工商管理便随之兴起。现在，以民间组织、中介组织、行业组织和社区组织等社会组织为主要载体的公民社会，也终于开始相对独立于国家和政府，于是，社会管理便成为继行政管理和工商管理之后的又一个重要管理领域。

　　社会管理变得日益重要了，就迫切需要制订和修正相应的政策、法规和制度，换言之，就需要建立和健全新的社会管理体制。社会管理体制问题便顺理成章地受到了党和政府的高度重视。中共十六届四中全会的决定和六中全会的决定，都对改革和完善社会管理体制做出了专门的论述,一致强调要不断加强社会建设和社会管理,努力推进社会管理体制的改革创新。十六届四中全会和六中全会分别从提高党的执政能力和构建社会主义和谐社会的高度,向各级党和政府明确提出了"深入研究社会管理规律,完善社会管理体系和政策法规,整合社会管理资源,建立健全党委领导、政府负责、社会协同、公众参与的社会管理格局"的要求。

因而,社会管理体制的改革和创新,已经成为我国现实生活中一个新的重大课题,不仅受到党政官员的重视,也引起了专家学者的热切关注。一方面,一些有开拓和创新精神的地方党政干部开始积极探索加强和改善社会管理的新办法和新制度,另一方面,一些政治学者和社会学者日益关注社会管理问题的研究,关于改革和完善我国社会管理体制的研究也渐渐多起来。然而,无论在理论上还是在实践上,社会管理在我国毕竟还是一个新的课题,实践探索和理论研究都刚刚起步,实践经验和理论成果相对不足,许多体制急需完善,许多问题急需研究。故而,这方面的理论研究和实践探索,都特别值得鼓励。

《激活和谐社会的细胞——"盐田模式"制度研究》一书就是这样一份特别值得鼓励的成果。作者侯伊莎女士既是北京大学政府管理学院的博士,又是盐田区民政局局长,这一特殊的身份使她有较好的条件能够在理论与实践的结合点上去深入观察和思考社会管理体制的一系列理论与现实问题。侯伊莎博士是一位极富开拓创新意识的年轻干部,在担任盐田区民政局长期间,对基层社区管理体制进行了许多大胆而又富有成效的改革,得到了基层群众、上级领导和专家学者的充分肯定。盐田区改革基层社区管理体制的理念、措施、体制被学界称为"盐田模式",并荣获第三届"中国地方政府创新奖"。本书从一个"盐田模式"的策划者、组织者、实施者、观察者的特定角度,对盐田区基层社区管理体制的改革实践进行理论上的总结和概括,这对于进一步推动我国社会管理体制的改革创新来说,其价值是不言而喻的。由此我也希望,侯伊莎博士的这一研究成果,其理论价值也能与其推动盐田社区管理体制改革的实际价值一样,再次受到人们的关注和重视。

（本文为《激活和谐社会的细胞——"盐田模式"制度研究》一书的序言，有删改。）

谁来制定善治的评价标准

不少人说,善治(good governance)已经取代传统的善政(good government),而成为我们这个时代的理想政治目标。善治就是良好的治理,就是政府与公民对社会的合作管理。它不仅要求有一个好的政府,要求有善政,而且要求有好的公民,要求在没有政府介入的情况下社会也有良好的治理。抽象地说,善治就是使公共利益最大化的管理过程或治理状态。无论在哪一种社会政治体制下,每一个政权都希望自己的治理是良好的,而不是无效的和失败的。换言之,都希望有善治,而不想要劣治。由此自然地产生出这样一些问题:善治的具体内容或要素是什么? 用什么样的标准来评价国家治理的优劣? 由谁来制定善治的评价标准? 又应当由谁来实行对国家治理状况的评估?

围绕这些问题,西方发达国家和重要的国际组织开展了大量研究,纷纷制定出自己的治理评估标准和指标体系。不仅如此,其中一些国家和国际组织还试图以它们的标准和指标来测评其他国家的治理状况。毫无疑问,每一种治理评价标准和评估体系,尽管表面上看都是相当具体的技术性指标,但其背后都体现着评估标准制定者自身的政治价值。制定国家治理评估标准,按照既定的标准对国家治理状况进行评估,实际上就是在国际社会中推广评估标准制定者自己的政治价值,争取自己的政治话语权。中国要积极回应国际组织和西方国家对本国治理状况的评估,最有效的办法就是根据本国的实际情况发展起自己的治理评估体系。

要建立中国自己的治理评价标准和指标体系,当然要立足中国特殊的政治经济条件,体现中国自己的政治价值和政治理念,但同时也必须注意学习和借鉴国际社会在治理评估方面的有益经验,包含人类共同的价值追求。我们反对把西方的政治标准当作普遍的政治标准,强调治理评估的中国立场和中国特色,但这并不意味着中国的治理标准拒绝任何人类的共同价值。按照辩证法的一般原理,任何事物都是共性与个性、普遍与特殊的统一。政治价值和治理标准也不例外。以为"中国特色"就是与其他国家没有任何共同之处,就不用遵循人类社会的共同规律,就无须分享人类的普遍价值,那是一种无知和愚昧,对国家的发展有害无益。因此,我们认为,在建构"中国特色的国家治理评估框架"时,应当充分了解国外的治理评估体系。只有在了解的基础上,才能对其进行分析、批判、学习、借鉴。

(本文为《国家治理评估：中国与世界》的前言,有删改。)

品学问

　　历史的偏爱深刻地反映了知识分子对社会进步应当担负的崇高责任。立足当今中国的现实,充分吸取其他文明的优秀成果,创造性地传承、改造和发扬伟大的中华文化,推动我国政治生活、经济生活和文化生活的全面进步,正是当代中国知识分子的历史责任。

历史偏爱学问

　　历史偏爱学问和思想。中国是一个有着浓重"官本位"传统的国家,官大不仅位高权重,似乎学问也大,真理也多。这种"官本位"现象至今在很大程度上仍是社会生活的现实。然而,即使对于中国这样一个有着特殊政治文化传统的国家,历史的偏好也没有改变。中国历史上总共有过332位符合法统登基的皇帝,408位正式称帝的君王,至于那些位极人臣的王公大臣又何止成千上万!这些当年的君王臣子又有几个不曾想名彪千秋?多少人为了青史留名而极尽歌功颂德、树碑立传之能事?然而,历史却是如此的无情:现在人们能够记住的皇帝和大臣又有几多?我们更多地记住的是孔子、老子、庄子、孟子、孙子、荀子、屈原、司马迁、李白、杜甫、韩愈、王安石、苏东坡,等等,等等。虽然由于传统中国奉行"学而优则仕"的士大夫制度,这些人当中的绝大多数也都有官员身份,但是,人们之所以今天还在代代相传地传诵和纪念这些令人敬重的先贤,不是因为他们的官职,而是因为他们的思想和学识,是因为他们对中华民族的进步所做出的卓越贡献。

　　历史的偏爱深刻地反映了知识分子对社会进步应当担负的崇高责任。立足当今中国的现实,充分吸取其他文明的优秀成果,创造性地传承、改造和发扬伟大的中华文化,推动我国政治生活、经济生活和文化生活的全面进步,正是当代中国知识分子的历史责任。改革开放以来,广大知识分子自觉投身于祖国的现代化建设事业,希冀早日把我国建设成为一个富强、民主、文明、和谐的现代化强国。他们所提出的许多观点、学说和思想,既为社会进步和中华振兴作出了贡献,也是中华文化对世界文明的贡献。也许是受"厚古薄今"和"言必称三皇五帝"的传统思维的影响,也许是"只缘身在此山中",许多人并没有认识到我们这个时代已经产生了不少对现实和历史进程深有影响的重要思想。

人们通常说,一个伟大的民族和一个伟大的时代,需要伟大的思想。其实,我们更应该反过来说,一个民族和一个时代之所以伟大,是因为有伟大的思想。改革开放,极大地解放了人们的思想,极大地解放了社会的生产力,它使我国的综合国力迅速增强,使人民生活水平前所未有地提高。改革开放的过程,是中国社会的政治、经济、文化整体进步的过程;改革开放的时代,是一个伟大的时代,它深刻地改变了中国历史的进程,翻开了中国历史的新篇章,并对世界格局产生了重大影响。从理论思维的角度看,改革开放的过程,是一个新旧观念相互碰撞的过程,是一个新的思想观念不断战胜旧的思想观念的过程。这样一个伟大的时代,不仅催生着伟大的思想,而且它本身就是伟大的思想解放的产物。

改革开放不仅大大丰富了我们的物质生活,也大大丰富了我们的精神生活。改革开放需要并确实产生了各种新的思想观念,需要并确实产生了属于这个时代的思想家。从政治意识形态的角度看,我们产生了中国特色社会主义理论,它既不同于苏联的传统社会主义,又不同于西方的资本主义。从社会思想的角度看,尽管有传统势力的强烈抵制和压制,各种形形色色的思想仍然不可阻挡地竞相登台,争奇斗妍,相互激荡。思想的多样和学术的繁荣,既是时代进步的必然体现,更是时代进步的重要动力。正像高质量的物质产品是祖国富强的宝贵财产一样,进步的思想文化产品同样也是中华振兴的宝贵财富。那些拥有重大发明创造的自然科学家是中华振兴的功臣,那些产生先进知识观念的人文学者同样是民族复兴的功臣。

"中国思想家",不仅仅是中国人,更重要的是这些思想源于中国的现实,关注中国问题,是对中国历史文化的传承和发扬。换言之,这些思想产生于中国的土壤,有着鲜明的民族特色,其意义只有在中国的语境中才能得以完整地理解和阐释。但是,具有中国特色并不等于说这些思想只是对中国传统的延续,而没有对外来文化的吸纳。其实,自从近代国门被打开以后,中华民族一切进步的伟大思想家,无一不注重向国外的优秀文明学习,例如康有为、梁启超、孙中山、胡适、鲁迅、陈独秀、李大钊、毛泽东等。他们的思想之所以影响深远,很重要的一点,在于他们善于学习和借鉴外国的先进思想。当然他们不是简单地照搬国外的思想,而是将外国的先进思想与中国的现实结合起来,用以改造中国社会。改革开放以来的中国思想进程也再一次证明,只有秉承中国优秀传统,立足中国现实,大胆吸纳世界一切优秀文明成果,才是真正有益于中华民族进步的思想;也只有这些思想,才称得上是具有中国特色的民族思想。对于这些先进的思想而言,民族性与世界性是统一的。

从某种意义上说,任何时代的思想都离不开一定的文化传统,都是对先前某种思想的承继和延续。但是,一切有生命力的思想绝不是对历史传统的简单继承,而是创造性的发展。思想的原创性,指的就是对传统的创新。它既不是对传统的彻底割断,若是那样,这种思想就会成为无本之木;也不是只有几个新的概念和术语,而无实质性的突破,若是那样,这种思想至多也只是新瓶装旧酒。思想的原创性,其真实的意义在于,源于传统而又超越传统,依赖传统而又突破传统。对于改革开放时期的中国思想家来说,思想的原创性意味着,既本源于中国传统思想文化和马克思主义经典理论,又创造性地推进了中国传统思想和马克思主义经典理论。这样的一种原创性思想,也只能产生于中国改革开放的特定环境。

在日常语言中,我们一般对"理论家"、"思想家"、"学问家"不加区分,这当然无可厚非。但严格地说,它们之间是有区别的。学问家指的是那些术有专攻、业有所长、学识渊博的学者专家。他们本着独立研究的精神,探索规律和真理,往往与现实保持着一定距离,有些研究甚至远离现实生活。但他们的学识是人类知识长河中的涓涓细流,其影响超越时空而绵延不断。理论家和思想家则都有着强烈的现实关怀,其思想和观点往往直接针对现实问题。他们之间的区别在于,理论家的作用更多在于解释和辩护现实,思想家的作用更多在于分析现实和谋划未来。理论家和思想家都有自己的观点和学说,但理论家更看重现实价值,思想家则更强调历史意义。理论家和思想家都是顺应时代的要求而产生的,但理论家的影响力通常取决于特定的政治需求,思想家的影响力则取决于整个时代的需要。改革开放产生了形形色色的理论学说,其中大多数都随着某种特定政治需求的消失而退出舞台,而那些影响整个时代进程的思想必将作为中华民族的文化遗产而传承下去。

思想具有穿透时空的影响力。古今中外那些伟大的思想至今仍然发生着各种各样的影响。像孔子、老子、孙子的思想不仅对现在的中国人深有影响，而且在西方世界也有其不可忽视的影响。像柏拉图、亚里士多德、卢梭、康德、马克思等人的思想，不仅在西方世界深有影响，对中国同样也影响深远。思想家主要通过以下三种方式对人类历史进程产生影响。其一，指明人类进步的方向和目标。进步的思想为人类社会的发展提供基本价值，为人类的道德判断提供基本的评价标准，使人类的发展遵循理性的和进步的轨道。其二，给人们以心灵的启蒙。思想家通过提出问题和解答问题，通过对现实的分析和批判，宣示自己的主张，引导社会的舆论，使人们能够在重大的问题上逐渐形成共识。其三，影响政府决策。思想家通过针砭时弊，通过建言献策，影响政治当局的决策，从而影响社会的发展进程。改革开放以来，社会主义市场经济体制的确立和民主法治的推行，无不凝聚着当代中国思想家们的智慧和见识。

思想是时代的产物，思想家是民族集体智慧的代表。任何思想家，都离不开所处的时代环境和知识分子群体。改革开放以来在中国产生的各种符合社会进步潮流的新思想，都是全民族探索的结果，特别是全体知识分子智慧的产物，思想家不过是这些知识分子中的杰出代表。如费孝通、于光远、吴江等，就是这一代知识分子中的佼佼者，他们分别在人文社会科学的各个领域提出了不少原创性的思想，在中国的改革开放过程中产生了各自的独特影响。

（本文为《当代中国思想家文库》总序，有删改。）

把握学术前沿至关重要

做学问需静心专一,脚踏实地,锲而不舍。所以古人说,"若要做得学问真,须坐板凳十年冷"。这里说的是,做学问的心境,或者说研究态度,需要冷和纯。然而,研究态度要冷和纯,并不意味着研究的问题也非冷和纯不可。做学问固然不像抢新闻,学者也不能像记者那样去抢热点赶时髦,但关心学术的热点问题和前沿问题,却是一个优秀的学者应当具有的品质。

从古到今,我们一直把学问分为显学和隐学。显学通常是指与现实联系密切,引起社会广泛关注的学问;相反,隐学则是离现实较远,不那么为世人瞩目的学问。在许多人眼中,显学的学术含量似乎要比隐学少一些,甚至某种研究一旦成为显学其学问似乎不那么纯了。其实大为不然,显学和隐学同样都可以做出大学问。

显学是与现实关系密切的学问,它与学术前沿问题通常不可分割地联系在一起。我们这里所说的学术前沿问题,指的是那些代表学术的最新发展、已经引起或者即将引起学术界广泛注意的重大问题。紧扣学术的前沿,把握学术的脉搏,领导学术的潮流,正是古往今来许多学术大师的一个共同特点。例如,被认为是"当今德国最有影响的思想家"的哈贝马斯,他一生的学术轨迹几乎与最前沿的重大理论和实际问题休戚相关,他先后深入研究过合法性问题、交往(沟通)理论、现代性问题、市民社会问题和全球化问题等,并且在这些领域都留下了自己的印记。

了解和把握学术前沿问题对于学者来说之所以至关重要,是因为这些问题反映了相关研究领域的最新趋势,预示了这些研究领域未来的发展方向。学术前沿问题并不是忽然冒出来的,它必然有一个知识的积累和演进过程。例如"全球化"、"治理"、"社会资本"和"第三条道路"等,其思想渊源可以追溯到很早以前。它们之所以成为现时代的学术前沿,是因为这些学术理论有着深厚的现实基础,对社会现实具有重要的指导意义,并且在整个学科中占据重要的地位。所以,了解学术前沿问题,是把握整个学术潮流,理解当代世界所面临的重大实际问题,追踪国际一流学者的思想轨迹的一条快捷之道。

每一个学术研究领域都有其自己的前沿问题,《当代西方学术前沿论丛》收录的学术前沿理论,大多都是 20 世纪 90 年代后逐渐为国际学术界所瞩目,并正在对国际社会科学研究产生着重要的影响。对这些问题的研究事实上还刚刚起步,但它们在相当程度上预示了各国学者在下个世纪初所关注的热点,所以,从某种意义上说,它们将是新世纪的学术话语。

(本文为《当代西方学术前沿论丛》总序,有删改。)

前瞻未来

　　顾名思义,"前瞻未来"就是向前看,放眼前程,思考即将面临而尚未来临的问题。这一点对于极其重视传统的我们中华民族来说,对于我们所处的这个全球化时代来说,尤其重要。曾几何时,我们开始习惯于背逆性思维。言必称三王,行必提尧舜,理想的时代必定在古代。即使欲对传统有所突破,也要"托古改制"。带着沉重的怀古情节来观察和评判现实,一看到或听到新的观点和理论,往往不是冷静的分析,而是根据既定的标准进行指摘和抵触,这是我们长期以来的思维定式。这种思维定式束缚人们进行观念创新,不利于思想解放,而思想的解放通常是改革创新的必要前提。在我看来,扭转这种传统思维定式的有效途径,就是革新思维方式,在不忘记历史,往后回看传统的同时,把更多的眼光放在未来,仰望星空,眺望远景,超越时代,超越眼前。

　　人类已经进入了全球化和网络化的时代。全球化是人类历史中一个漫长而巨大的转变过程,它还刚刚开始,远没有终结。全球化不仅极大地改变了人类的生产方式、消费方式和交换方式,也极大地改变了人类的思维方式和行为方式。全球化正在强化我们的过程思维,要求我们特别重视前瞻性思维和理论创新。

全球化是现代化的延伸,是对传统的超越,无情地摧毁了过去的各种理想模式。在全球化时代,过去的和现存的每一种社会生活模式都暴露出其固有的缺点。它迫使人们进行前瞻性的思考,把理想模式建立在未来,而不再是过去。在这样一种背景下,对于学术研究而言,进行前瞻性的思考和分析,显得前所未有的重要。

"前瞻未来"不仅仅是一个时间的维度,也是一个发展的维度。这就是说,我们不仅要放眼将来,也要放眼全球,看看其他国家有哪些方面比我们先走一步,其今天的成就和问题,可能是我们明天的现实。从世界历史的角度看,全球化实际上是人类发展的一个新阶段。其基本特征是,在经济一体化的基础上,世界范围内产生一种内在的、不可分离的和日益加强的相互联系。全球化要求我们在进行纵向思维的同时,特别重视横向的比较思维。全球化的重要特征是社会的政治经济发展和人类生活的跨国性,它迫使人们更多地进行横向的思维,即跳出自己狭隘的历史经验,善于学习其他文明的先进要素,善于吸取其他国家在现代化过程中的经验教训。只有这样才能学到发达国家的优点,而避免重蹈它们的覆辙。

"前瞻未来"不是凭空臆想,无的放矢。相反,任何对未来发展的科学分析和正确预测,都必须脚踏实地,从观察和分析现实问题开始。没有对现实的调查研究,就没有对未来的发言权。前瞻未来,归根结底是为了解决我们在现代化建设中可能遇到的问题,应对我们在社会政治经济发展中可能遇到的挑战。毫无疑问,没有对中国现实问题的深刻把握,没有对人类眼前境况的透彻了解,对中国和世界未来的前瞻也必定是空中阁楼,没有坚实的基础,难以承载重要的学术使命和政治使命。因而,"前瞻未来"也应当是对重大时代议题的历史的、动态的、过程的和远景式的观照。

(本文为《前瞻未来系列》总序,有删改。)

全球化催变思维方式

　　从世界历史的角度看,全球化实际上是人类发展的一个新阶段,是我们这一时代的最重要特征。它理所当然地引起了世界各国学者的普遍关注,全球化研究也顺理成章地成为人文社会科学的热点领域。

　　人类正在进入一个全球化时代,全球化是一个人类历史的转变过程,其基本特征是,在经济一体化的基础上,世界范围内产生一种内在的、不可分离的和日益加强的相互联系。全球化既不是"西方化",更不是"美国化"和"资本主义化",它是一种客观的世界历史进程。不管人们承认与否,喜欢与否,害怕与否,它必将深刻地影响中国与世界的命运。唯有深入研究全球化的规律,积极应对全球化的挑战,我们才能在理论与实践上掌握全球化的主动权。现在,上述这些观点几成共识,毋须再强调。尤其在实践层面上,中国不仅深度介入全球化进程,而且是国际社会公认的全球化赢家之一。

　　全球化首先表现为经济的一体化,但经济生活的全球化不仅极大地改变了人类的生产方式、消费方式和交换方式,也极大地改变了人类的思维方式和行为方式,从而对民族文化造成深刻的冲击。换言之,全球化不仅是一种经济和政治现象,也是一种文化和学术现象,正在重塑我们的民族文化和学术研究,改变我们的思维所赖以参照的坐标系,要求我们同时具有民族性和全球性的双向思维。唯有如此,才能真正发展起具有"中国特色"和"中国气派"的中国学术,并使之走向世界,展现中国文化和中国学术的魅力和实力。

长期以来,建立在领土疆界之上的民族国家一直是我们进行想象和分析的基本依托和主要坐标,全球化的进程正在无情地撼动民族国家的传统疆域。毫无疑问,在可见的将来,民族国家仍将是政治生活的核心,国家认同和民族认同仍将是基本的政治身份标识。但是,必须清楚地看到,传统的民族国家已经受到全球化的严重挑战。全球化是一种穿越国界的过程,全球性是人类对民族性的一种超越。它既要求我们进行民族的思考,也要求我们学会全球的分析。民族国家仍然是我们进行比较分析的主要坐标,但全球社会也同样应当是比较研究的基本参照。

因此,在文化建设和学术研究方面,我们必须处理好本土化与国际化的关系,既使文化建设和学术研究扎根于我国特殊的土壤中,同时又不背离人类社会的共同价值和普遍原理。立足于中国的现实,根据我国具体的政治、经济、文化和历史环境,研究我国的理论和实际问题,使人文社会科学研究带有中国特色,这是中国学术发展的前提条件。但是,人文社会科学必然具有超越国家的普遍性原理,离开这些原理,就无所谓科学。我们的学术研究应当在立足中国的基础上走向国际化,应当使中国的人文社会科学成为国际人文社会科学的不可或缺的组成部分,使全世界的学者都认识到,中国的学术智慧是全人类学术智慧的重要内容。

全球化要求我们特别重视前瞻性思维和理论创新。习惯于背逆性思维,是我们中华民族传统思维方式的一个显著特点。言必称三王,行必提尧舜,理想的时代必定在古代。即使欲对传统有所突破,也要"托古改制"。带着沉重的怀古情节来观察和评判现实,一看到或听到新的观点和理论,往往不是冷静的分析,而是根据既定的标准进行指摘和抵触,这是我们的传统思维定式。全球化是现代化的延伸,是对传统的超越,无情地摧毁了过去的各种理想模式。在全球化时代,过去的和现存的每一种社会生活模式都暴露出其固有的缺点。它迫使人们进行前瞻性的思考,把理想模式建立在未来,而不再是过去。在这样一种背景下,对于学术研究而言,理论的创新显得前所未有的重要。创新不仅是社会进步的动力,也是文化进步的动力。

全球化要求我们在进行纵向思维的同时,特别重视横向的比较思维。纵向思维使我们能够学习历史的经验,但片面的纵向思维容易把自己局限于狭隘的历史经验中,总是拿自己过去的经验与现实进行比较,觉得自己现在是如何之好或如何之坏,很容易走向两个极端:对现实的虚假满足或极度憎恶,不是夜郎自大,就是自暴自弃。前者使人看不到自己与别人事实上存在的差距,后者则使人看不到自己身上具有的优势和长处。全球化的重要特征是社会的政治经济发展和人类生活的跨国性,它迫使人们更多地进行横向的思维,即跳出自己狭隘的历史经验,将自己的经验与别人的经验加以比较,虚心向其他先进者学习,扬己之长,避己之短,既不夜郎自大,沾沾于自己取得的成就;又不妄自菲薄,看到与先进者的差距而垂头丧气。

全球化要求我们打破非此即彼的简单两分法,进行综合的思考。简单的两分法思维方式长期影响着我们的政治和经济生活，其特征是把两种事物截然地对立起来，似乎有你无我，有我无他。首先不问观点是否正确，事物本身是否对人民有益，而是一上来就问姓"资"还是姓"社"，姓"中"还是姓"西"，是"马"还是"非马"。全球化既不是单纯的同质化，也不是简单的碎裂化，它是一个合理的悖论：它既是国际化，又是本土化；既是普遍化，又是特殊化；既是民族化，又是世界化；既是分散，又是整合。全球化是一种真正的"对立统一"，两种完全相反的趋势却奇妙地结合在一起，相辅相成，你中有我，我中有你。取其任何一方而忽视另一方，既不符合全球化的客观进程，更会对现实带来灾难性的后果。

　　全球化正在摧毁目的论和宿命论的现实基础，要求我们进行过程性的思维。一切宗教和神学的哲学基础都是目的论和宿命论，它有意识地或潜意识地假定一切事物、一切行动都有其终极目的，人们无法超越预先设定的最终目的。一切封建迷信和个人崇拜归根结底也是由这种宿命论和目的论派生出来的，它的现实基础就是社会政治经济制度和文化观念在封闭的环境中长时期的静止不变。全球化使得任何一个民族国家，不能再闭关自守，而必须对外部世界开放，否则就是自取灭亡。全球化不是一种目标，甚至也不是一种稳定的状态，而是一个过程。它迫使民族国家不断地对自己的制度和价值进行创新，使改革和创新也变成为一个持续的过程。

　　总之，全球化正在深刻改变人类的思维方式和文化生活，正在改变着中国文化和中国学术。全球化将现代文明提升为全球性的抽象，而不管这种文明源于东方还是西方，所以，学习现代的西方文明并不等于"西方化"，正如学习现代的东方文明不等于"东方化"一样。我们正在全力振兴中华文化,这是全球化背景下的中国文化复兴。我们必须更加主动地迎接全球化对中国文化的挑战,更加积极地进行文化创新,更加充分地吸取人类文明一切合理的成果。这是推动中国文化和中国学术创造性地向前发展,保持和发扬自己的本土优势和民族特色,实现中华民族伟大复兴的唯一正确选择。

（本文为《全球化译丛》总序，有删改。）

西方全球化研究的新动向

　　亚洲金融危机后,特别是在我国政府即将加入 WTO 之际,国内学术界对全球化的研究迅速形成了热点。从 1998 年我们主编国内学术界第一套《全球化论丛》后,在不到两年时间内,国内出版的关于全球化的编著和译著不下数十本之多。这不仅表明人们更加关心全球化问题,也表明对全球化的研究正在进一步深入;不仅表明国内学者对全球化的研究在深化,也说明国外学者对全球化的研究仍在向前推进。

　　不同学科的学者对全球化进程做出多学科反思与广泛的探讨,其中有一些共同的论点。

　　首先是全球化研究的跨国性。全球化研究始于西方发达国家,但现在,无论是西方国家,还是东方国家;发达国家还是发展中国家,全球化都成了一个共同的话题。全球化是一项真正的跨国研究(transnational studies),或者说是一种真正的超国理论(supranational theory)。

　　其次,全球化理论的综合性。全球化首先是一个经济发展过程,但是归根结底它是一个整体性的发展过程。无论人们愿意与否,随着经济全球化过程的展开,文化、艺术、伦理、学术和政治的全球化过程也或多或少开始出现了。与此相适应,全球化理论具有很大的综合性,至少包括了经济全球化、政治全球化、社会全球化和文化全球化等基本内容。

再次,全球化理论的包容性。全球化理论是各种政治倾向和学术倾向的一个交汇点,它不同于其他带有某种单一政治或学术倾向的理论,如新左派或新右派理论、现代化理论、后现代主义理论、后殖民主义理论、社群主义理论,更不用说自由主义理论、保守主义理论、新马克思主义理论等。在全球化理论中我们可以听到具有上述各种政治或学术倾向的学者的声音。

最后,全球化理论的内在矛盾性。全球化过程本质上是一个内在地充满矛盾的过程,它是一个合理的悖论:它包含有一体化的趋势,同时又含分裂化的倾向;既有单一化,又有多样化;既是集中化,又是分散化;既是国际化,又是本土化。相应地,在全球化研究中,充满着各种对立的观点。有人把全球化当作福音,有人则认为它是灾难;有人把它视为人类的出路,有人则将它看作是我们的陷阱等,不一而足。

全球化理论的这些特征,决定了全球化研究将是 21 世纪很长一个时期内各国学者的共同课题。中国积极参与全球化进程,不仅意味着努力融入国际经济贸易体系,也意味着更多地参与国际学术讨论,在诸如全球化这样的重大理论问题上,能够更多地听到中国学者的洪亮声音。

（本文为《全球化译丛》的序言，有删改。）

马克思主义在当代世界的影响

　　马克思主义自从产生之后便对全人类的历史进程发生了重大的影响,这种影响不仅表现在对共产党执政的社会主义国家,也表现在非共产党执政的资本主义国家;不仅表现在经济文化落后的发展中国家,也表现在经济文化先进的发达国家。其实,在发达的西方国家,马克思主义始终是最有影响的社会思潮之一。在这里我仅想谈谈马克思主义对当代西方社会科学的巨大影响。

　　一个令人深思的现象是,不少在世界范围内影响卓著的社会科学家都与马克思主义有着千丝万缕的关系,其中有一些直接就被冠以"马克思主义者"的称号。在已经谢世的人们中间,美国的马尔库塞(Herbert Marcuse)、法国的萨特(Jean-Paul Sartre)和意大利的葛兰西(Antonio Gramsci),都曾经是西方世界最有影响的学者和知识分子,而他们都被认为是"西方马克思主义者"。在活着的人们中间,法国的解构主义大师德里达①、德国"最有影响的思想家"哈贝马斯(Habermas)、英国首相布莱尔的"精神导师"吉登斯(Antony Giddens)和美国后现代主义代表人物詹姆逊(F. R.

---

① 德里达(Jacques Derrida, 1930~2004),本文写于2002年7月29日。

Jameson)等,都是现今公认的在国际上最有影响的著名学者,分别在各自的领域中执掌着社会科学的牛耳,而他们对马克思的思想在相当程度上持肯定的态度,其中有一些则被认为是西方的"马克思主义者"。

除了造就一批声誉卓著的国际著名学者外,马克思主义对当代西方社会科学的影响还体现在以下两个方面:一是促成了新的学术流派的诞生;二是开拓了新的社会科学分支学科。

20世纪70年代以来,西方发达国家的社会科学盛行过许多思潮,其中影响最大的有三种,即新自由主义、新保守主义和新马克思主义。所谓新马克思主义,就是西方学者试图按照他们所理解的马克思主义理论对当代发达资本主义国家现实所作出的新的理论解释模式。新马克思主义是在经典马克思主义的直接影响下产生的,是经典马克思主义在当代发达资本主义国家的变种,这最集中地反映了马克思主义对当代西方社会科学理论的巨大影响。这种影响几乎体现在人文社会科学的各个主要领域,例如经济学、政治学、社会学、历史学、人类学、哲学、文学等,例如有所谓的新马克思主义经济学、新马克思主义政治学、新马克思主义社会学等等。

第二次世界大战后,西方社会科学出现了许多新兴的分支学科,其中有一些分支学科与马克思主义直接有关。例如,新政治经济学和政治社会学,这是两门极为重要并深有影响的新兴学科,它们的产生与马克思主义就有着深刻的渊源。以政治社会学为例,它有两大理论来源,其一是马克思的理论,其二是韦伯的理论。其中主要是马克思的理论,他被称为"政治社会学之父"。美国著名的政治社会学家安东尼·奥勒姆(Anthony M. Orum)曾这样说:"马克思可以说是政治社会学之父,正如奥古斯特·孔德(Anguste

Comte)可以称为社会学之父一样。毫无疑问,由于种种原因,马克思轻视了这个题目,但是,显而易见,马克思创立了许多比任何热衷于政治研究的社会学家——活着的和死去的——都更富有挑战性和更富有成果的思想"(安东尼・奥勒姆著《政治社会学导论》,浙江人民出版社,1989年版,第14页)。

马克思主义之所以对当代西方社会科学具有如此深刻的影响,不外乎三个原因。一是马克思主义的方法论,如辩证法、唯物史观、阶级分析等本身对自然界和社会的发展具有极强的解释能力,至今仍有着很大的生命力。二是马克思主义的价值观,即消灭剥削和压迫,充分发展人的个性,解放全人类,最终实现"自由人的联合体",仍然是许多进步的和正直的学者所憧憬的理想。三是不少杰出的西方马克思主义学者不是死抠书本,而是始终站在时代和学术的前沿,对新出现的现实问题及时作出理论概括。

国外马克思主义者的许多观点是我们所不能赞同的,但他们当中的有些人终身研读马克思主义的经典文本,对马克思主义经典著作本身多有独到的发现;有些人则将着眼点放在重大的现实问题和学术前沿问题上,对马克思主义的理论提出了富有时代意义的新解释;有些人则用马克思主义的方法对当代资本主义做出了深刻的分析性批判,所有这些都非常值得称道,也值得我们借鉴。

马克思主义理论要与时俱进,一方面必须将马克思主义与现实密切结合,在实践中推进马克思主义的发展;另一方面,必须充分吸纳人类一切优秀文明成果,其中当然包括国外学者对马克思主义的研究成果。中国的学者如果要无愧于"当代马克思主义学者"这个称号,就必须在真正读懂马克思主义原著的基础上,始终站在时代和科学的前沿,善于吸收国外一切优秀的学术成果,用马克思主义的方法论和价值观,而不是用它的个别条条或个别理论,去观察和分析当代世界,特别是当代中国的重大现实问题。

（本文为《马克思主义研究译丛》的总序。）

批评与辩驳：对马克思主义的态度

  2006 年 9 月 21 日，声誉卓著的《纽约书评》发表了托尼·朱迪特（Tony Judt）的长篇评论《告别一切？》（*Goodbye to All That？*），对莱泽克·柯拉柯夫斯基（Leszek Kolakowski）三卷本的《马克思主义的主流》及其论文集《我对事物的正确认识》（*My Correct Views on Everything*）进行了系统的分析和评述。在距柯拉柯夫斯基的《马克思主义的主流》面世整整 30 年后的今天，朱迪特依然断言：柯氏此书，"是过去半个世纪中论述马克思主义的最重要著作"①。其实，在西方学界，尤其在西方马克思主义研究圈中，持朱迪特这种观点的学者不在少数。例如，法国著名哲学家艾耶尔（A. J. Ayer）在其《20 世纪哲学》中论及马克思主义时也说过："不可能再改进 L. 柯拉柯夫斯基在《马克思主义的主流》第三卷中所作的论述了"②。《纽约时报》书评家萨拉·劳亚尔（Sarah Lyall）也说："这三卷本对马克思主义的剖析，是在这一主题上的终极权威"③。

---

① 托尼·朱迪特："告别一切？"（Goodbye to All That?），《纽约书评》（*The New York Review of Books*），2006 年 9 月 21 日，第 53 卷 14 号。
② A. 艾耶尔：《20 世纪哲学》，李步楼等译，上海译文出版社，1987 年，第 2 页。
③ 参阅：http://www.amazon.com/gp/product/product-description。

更有甚者,《泰晤士高等教育增刊》在评论此书时一口气居然用了七八个"最":"这是迄今对马克思主义所做的最权威、最决定性、最冷静的,……也是最明白的解释。较之其他同类作品而言,这是一部最清楚、最有力、最深刻、最敏锐的高质量作品"①。

一些西方学者之所以如此推崇柯拉柯夫斯基的《马克思主义的主流》,我认为主要原因有三个。

首先,柯拉柯夫斯基是一位对西方学术文化有精深了解的著名学者,在哲学、宗教学和西方思想史方面均有独到的研究和很高的造诣,并且取得了西方学者公认的成果。为了表彰他在人文科学领域的杰出成就,美国国会图书馆在 2003 年还将首届"克鲁格奖(the Kluge Prize)"颁给了他,奖金高达 100 万美元。既深谙马克思主义理论,又精通西方学术源流,使得柯拉柯夫斯基对马克思主义的和批评和分析看起来似乎总是那么"有根有据",那么"入木三分",并且总是在西方学界那么"深有影响"。

其次,三卷本的《马克思主义的主流》对马克思主义的源流作了系统的梳理和评述。作者论及的范围,从马克思恩格斯的早期思想到晚期思想,从马克思主义的形成、发展到 20 世纪的流变,从青年黑格尔派,到第二国际、列宁斯大林,直到毛泽东思想,涉及到近 20 个马克思主义发展史上的不同流派和 60 名代表人物。内容如此丰富,包容如此广泛,在西方对马克思主义的研究中极为少见。

最后,在我看来可能是最重要的,《主流》对马克思主义的全面批判和彻底否定。柯拉柯夫斯基是一位从早先的马克思主义信仰者转变为反马克思主义者的典型代表。在 20 世纪 50 年代,柯氏是

---

① 参阅: http://www.writersreps.com/book.cfm? BookID =192。

波兰最著名的马克思主义理论家之一,30 岁出头就任华沙大学哲学教授和系主任,曾被当作"斯大林主义的主要代表人物之一"。从 20 世纪 60 年代开始,柯氏因倡导"马克思主义的人道主义"而被当作"修正主义的代表"受到当局的政治性批判,从此逐渐成为波兰共产党政权的不同政见者,最后流放他国,不仅放弃马克思列宁主义的信仰,而且成为马克思列宁主义的反对者。确实,对于那些反马克思主义的西方学者来说,没有什么比柯拉柯夫斯基的著作更有"说服力"了,想必这是许多西方主流学者竭力推崇《主流》的重要原因。正如英国著名学者拉尔夫 · 米利班德(Ralph Miliband)所说:毫无疑问,柯拉柯夫斯基的这一部著作将为业已广泛存在的反马克思武库增添新的武器。它的作用主要在此,而对于正确理解马克思主义来说其意义微乎其微①。

从一名马克思主义的重要理论家,演变为马克思主义的著名批判者,对当代马克思主义者的挑战之大是可想而知的。由此而产生这样一个无法回避的问题:如何对待《主流》这样的"批判性分析马克思主义的力作"? 对此我们大体可以有三种态度。一是尽量避免与这些论著的正面接触,对它们视而不见;二是不问其论据和逻辑,对其结论进行带帽性的批判,通常是政治性的批判;三是直面这样的批判,认真对待其分析的逻辑和依据,从学理上进行针锋相对的辩驳。我自己一直认为,只有第三种态度才是真正的马克思主义态度。

在马克思主义发展史上,我们经常引用的一句话是: 马克思主

---

① 拉尔夫 · 米利班德(Ralph Miliband):"柯拉柯夫斯基的反马克思"(Kolakowski's Anti Marx),原载《政治研究》(Political Studies),第 XXIX 卷第 1 期,第 122 页。

义从一诞生起,就遭遇到了激烈的批评,马克思主义正是在与各种对立观点的斗争中形成和发展的。这一句我们现在讲得不多了,而这一句话现在其实同样适用。我们说,马克思主义是一种科学的理论,既然是科学的理论,就离不开反驳和证伪,也只有通过反驳和辩论,才能凸显马克思主义的科学性,才能使它真正具有强大的解释力和说服力。马克思主义是一种开放的和包容的理论,它善于吸取人类文明的一切优秀成果,包括社会科学的优秀成果。因此,它欢迎一切理性的批评,从中汲取合理的营养,来丰富自己的理论。我们也经常说,彻底的唯物主义者是无所畏惧的。尽管我们多半是从实践和人生态度上说这句话的,但是,在理论上又何尝不是这样呢? 马克思自己从来没有畏惧过任何对手的理论,哪怕那些理论看起来是多么来势汹汹,多么炙手可热。马克思主义本身就是一种革命的、批判的、大无畏的理论,过去是,现在仍然是。鉴于这样一些原由,我一向支持并推荐《马克思主义的主流》中译本的出版。

正如许多西方学者对《主流》大加推崇一样,也有许多西方学者对柯拉柯夫斯基的《主流》及其马克思主义观进行了激烈的批评。早在柯氏从马克思主义者转为马克思主义批判者的初期,英国著名历史学家 E. P. 汤普逊(E. P. Thompson)就在《社会主义记录》(*The Socialist Register*)发表了长达 100 页的《致柯拉柯夫斯基的公开信》(*An Open Letter to Leszek Kolakowski*),对柯氏的“马克思主义观”提出了尖锐的质疑和批评,并且说读了柯氏发表在《遭遇》(*Encounter*)上的文章后“有一种受伤害和被出卖的感觉”①。此

---

① E. P. 汤普逊:《致柯拉柯夫斯的公开信》,见拉尔夫·米利班德(Ralph Miliband)主编《社会主义记录》(*The Socialist Register*),伦敦: 1973 年,第 6 页。

后这种批评在西方学术界从未中断过。甚至可以说，对柯氏在《马克思主义的主流》中提出的观点进行辨析和批驳，在某种程度上推动了西方左翼学者对马克思主义的深刻反思和深入研究。例如，米利班德在批评《主流》的长篇文章中指出：柯拉柯夫斯基把马克思主义思想史当作一本手册来叙述，但这种叙述极不准确。柯拉柯夫斯基带着其对马克思主义的极端敌视来解释马克思主义，这严重影响了作者的视野和判断。因而，从整体上说，《主流》对待马克思主义的方法是极为错误的，这一著作本身也存在着严重的缺陷①。

　　相比之下，国内学者对《马克思主义的主流》这本研究西方马克思主义的必读书的评析实在太少了。

（本文为作者为《马克思主义的主流》中译本所作的序言。）

---

① 拉尔夫·米利班德（Ralph Miliband）："柯拉柯夫斯基的反马克思"，同上，第115页。

今天我们应该如何对待马克思主义

　　2004 年中央决定实施马克思主义理论研究和建设工程,这是党中央在思想理论建设方面的一项重大战略部署,对于我党在新的历史条件下坚持与发展马克思主义,推动当代中国马克思主义的发展,繁荣和发展我国的哲学社会科学,具有重要意义。对马克思主义经典著作的基本观点进行系统而深入的研究,是中央理论工程的重要内容。在这里我想着重谈谈在新的历史条件下我们对马克思主义基本理论应当采取什么样的正确态度,如何推进马克思主义经典著作基本观点的研究。

　　立足当代中国和世界发展变化的新实践,科学地、完整地研究马克思主义经典著作中的基本观点,忠实于经典著作的原意;结合新的实际,通过理论创新,深化对马克思主义的理论研究;努力分清哪些是必须长期坚持的马克思主义基本原理,哪些是需要结合新的实际丰富和发展的理论判断,哪些是必须破除的对马克思主义的教条式的理解,哪些是必须澄清的附加在马克思主义名下的错误观点;引导干部群众用科学的态度对待马克思主义,用发展着的马克思主义指导新的实践。这是中央实施马克思主义理论研究和建设工程的重要目的,也是在新的社会历史条件下对加强和推进马克思主义经典著作基本观点研究提出的根本要求。

第一,要努力分清哪些是必须长期坚持的马克思主义基本原理。马克思主义是一个内容广博的思想体系,既包括基本原理,也包括个别观点;既包括指导原则,又包括具体结论;既包括价值观,又包括方法论。坚持马克思主义,首先就是坚持马克思主义的基本原理和根本价值。一般地说,马克思主义的根本价值就是实现共产主义的理想社会制度,其基本原理就是辩证唯物主义和历史唯物主义。马克思主义的最终理想是消灭人类社会在经济上的剥削和政治上的压迫,消灭产生剥削和压迫的社会制度,解放被剥削和被压迫的工人阶级,实现共产主义社会,解放全人类,建立一个自由人的联合体,实现人性的完全复归和个性的彻底解放。为了实现解放全人类的崇高目标,马克思主义发展起了一套分析和认识世界的完整理论和科学方法,也就是我们熟悉的唯物史观和唯物辩证法。贯穿于马克思主义理论体系背后的,是这样一种科学精神:对任何重大问题的认识和分析,必须实事求是,从实际出发,辩证地、历史地加以看待,而不是墨守成规,拘泥于教条和书本。所有这些都是我们必须长期坚持的东西。我们经常说,马克思主义经典作家的个别观点和个别言论可能随着现实的变化而不再适用,但其基本原理则放之四海而皆准。然后,我们常常开列出马克思主义的基本原理一二三。其实,仔细的研究和比较后就会发现,我们开列的马克思主义基本原理在不同时期和不同的条件下,也不是完全相同的。这说明,对马克思主义的基本原理我们也仍然需要做进一步深入的研究,在更加具体的层次上分清究竟哪些是我们必须坚持的马克思主义基本原理,仍然是我国理论工作者的紧迫任务。

第二,要努力分清哪些是需要结合新的实际丰富和发展的理论判断。马克思主义是一个系统的知识体系,它要求我们以科学的态度和方法不断探求人类社会的发展规律;马克思主义是一个开放的思想体系,它要求我们以宽广的视野和胸怀善于吸取人类文明的一切优秀成果。马克思主义的目的不仅在于解释世界,更在于改造世界,其不竭的动力来源于旨在实现人类解放的伟大实践。将马克思主义理论与当代世界的实践相结合,用政治、经济、文化和科技等领域中日新月异的新成果去丰富马克思主义理论,是马克思主义强大的生命力所在。着眼于我国的社会主义现代化事业,以世界的眼光,严肃认真地研究具有重大理论意义的现实问题和具有重大现实意义的理论问题,整体性地推进马克思主义理论研究,是我国马克思主义理论工作者的神圣职责。这就需要我们努力辨识经典作家的哪些论断在当时的历史条件下是正确的,但在现时代那些历史条件已经不复存在,从而对这些论断需要进行新的反思;努力辨识我们现在面临的哪些重大理论和现实问题是经典作家所不曾遇到的,因此需要我们做出新的理论概括;努力辨识马克思主义诞生后科学研究和社会实践取得了哪些重大的突破性进展,需要我们及时地用人类文明的优秀成果来丰富马克思主义的理论。

第三,要努力分清哪些是必须破除的对马克思主义的教条式的理解。作为一个科学的、开放的思想体系,马克思主义是共产党人的行动指南,而不是束缚我们行动的教条。作为党的指导思想的马克思主义必须与变化着的实际情况相结合,及时汲取新鲜的营养成分,与时俱进,使党的指导思想始终保持时代的先进性。一旦把马克思主义当作僵死不变的教条,党内就必然迷信盛行,党的事业就必然受到严重的损害。教条主义是党的事业和共产主义事业的大敌,这是中国共产党的历史和国际共产主义运动的历史共同得出的一条惨痛教训。所以,决不可僵化地、一成不变地对待马克思主义理论,更不能对马克思主义抱迷信的态度。必须科学地对待马克思主义,根据不断发展变化的现实来发展马克思主义,并对党员干部不断进行正确的马克思主义发展观教育。要达到上述目的,一个显而易见的起码要求是,必须首先弄清楚哪些东西是对马克思主义的教条式理解,对马克思主义理论究竟存在着哪些迷信态度,在哪些方面我们对马克思主义的理解与现实相比还显得守旧和僵化。

第四,要努力分清哪些是必须澄清的附加在马克思主义名下的错误观点。许多对马克思主义不正确的和错误的理解,是在马克思主义名义下进行的。这种情况甚至在马克思在世时就曾经发生,针对当时流行的各种在马克思主义名下的非马克思主义和反马克思主义观点,马克思气愤地说:我不是一个"马克思主义者"。这种在马克思主义名下的错误观点,对我们事业的损害往往比那些公开的非马克思主义观点还要大,因为它更具有蒙骗性和蛊惑性。这些错误观点有时还以马克思主义理论权威的面目出现,危害性就更大。从这个意义上说,努力辨清哪些是附加在马克思主义名下的错误观点,对全面准确地坚持正确的马克思主义意义极其重大,难度也要大得多。对于马克思主义名下的各种错误观点,还要善于区分并区别对待两种不同情况:一种是出于反马克思主义的目的,利用马克思主义之名故意歪曲马克思主义;另一种是在坚持和探索马克思主义过程中,对马克思主义的认识偏差。

努力做到上述四个分清,对于在新的历史条件下坚持和发展马克思主义,是一个十分紧迫的课题。要从加强党的执政能力建设的高度,充分认识马克思主义经典著作基本观点研究的重要意义,使我们的研究成果具有鲜明的时代性、针对性和实践性。要立足于当代中国社会主义现代化建设的实践,既要梳理理论、澄清是非,又要紧紧联系我国改革开放的实际。特别要注重研究那些过去不够重视而今天看来特别具有理论和实践意义的马克思主义经典作家的思想和观点。要大力弘扬与时俱进的时代精神,使我们的研究具有世界眼光和时代特征,既要研究国内的情况,又要研究国外的情况;既要梳理历史,又要着眼今天的现实。要抓住重点,不搞体系,直接面对现实对马克思主义提出的新挑战。最后,还要集中全国的马克思主义研究力量,协同攻关,整体推进。

马克思主义是开放的,允许而且应当鼓励人们对此进行严肃的讨论,包括正常的争论,任何人、任何组织都不能垄断对马克思主义经典著作的解释权。马克思主义的这种开放性和包容性,正是其生命力的重要源泉。但是,对马克思主义经典著作的研究和评论,必须采取科学的、实事求是的态度。既不能把马克思主义的个别结论当作僵化的教条,来要求现实的万古不变;也不能用变化发展的现实,随心所欲地去解释马克思主义经典作家的历史结论。马克思和恩格斯自己对待工人运动和革命理论的态度,为我们树立一个如何对待理论与实践相互关系的榜样。我认为,无论当今世界和中国的现实如何变化,我们对马克思主义经典作家的理论均应当采取以下四种正确的态度。

其一,应当历史地看待马克思主义经典著作。马克思主义是19世纪资本主义发展和工人运动兴起的产物,必须把马克思主义经典理论放到当时的历史背景下去理解,决不能用今天的现实去裁剪当时的理论,否则就会发生历史的错位,导致对经典著作的历史性误解。例如,从我们今天社会主义初级阶段的现实需要出发,我们确立了社会主义市场经济体制,对私有经济和民营经济采取鼓励措施,对合法的资本收益采取保护政策。对此,我们既不能因为马克思主义经典作家没有倡导私有制、市场经济和资本收益,就断定我们的改革措施离开了马克思主义;也不能反过来去挖空心思地论证,马克思当年的理论中就包含着对私有制、市场经济和按资分配的肯定和鼓励。

其二,应当全面地对待马克思主义经典著作。马克思主义是无产阶级的行动理论,是工人运动的指导思想,它具有鲜明的阶级性和革命性;马克思主义也是 19 世纪人类先进思想的集大成者,它充分地吸取了人类创造的优秀文明成果,是一个完整的思想体系,马克思主义的各个组成部分和一些基本理论之间有着内在的逻辑联系。因此,我们既不能离开人类文明的发展道路,去孤立地理解马克思主义,认为马克思主义与人类文明格格不入;也不能形而上学地去解释马克思主义经典著作中的个别结论,实用主义地用经典作家的个别观点去否定马克思主义理论体系中的其他观点。例如,马克思和恩格斯强调阶级社会中阶级斗争的作用,肯定阶级斗争是人类社会的政治公理,但不能因此而否定人类社会除了阶级斗争之外也存在着其他的政治公理,不能把我们今天建设社会主义和谐社会看成是对马克思主义的背离。

其三,应当用世界眼光看待马克思主义经典著作。无论是作为一种理论,还是一种实践,马克思主义从诞生之日起,就一直是一种国际现象。马克思说过,其全部理论的根本目的,既是解释世界,但更在于改造世界。马克思主义的根本宗旨,从理论上说是发

现人类社会的普遍规律；从实践上说是为了解放全人类。因此，对
马克思主义基本观点的研究，同样也必须具有世界的眼光。马克
思主义的真理性主要体现在其对人类社会普遍发展规律的解释能
力上，而不是对某个国家的特殊发展规律的解释。相应地，也必须
把马克思主义理论放到世界范围内的人类实践中，主要地不是用
某个单个国家的实践，而是用世界范围内的社会发展现实来检验
其理论的正确性。用世界眼光看待马克思主义理论的另一层意思
是，应当充分借鉴和善于吸取世界各国对马克思主义的优秀研究
成果。无论是社会主义国家还是资本主义国家，发展中国家还是
发达国家，都有大量的专家学者在从事马克思主义基本理论的研
究。虽然每个研究者的立场、分析和观点各有不同，但从总体上
看，许多研究都试图用马克思主义原理来解释各国实践，或从各国
的实际出发来阐释和发展马克思主义理论，其中不乏真知灼见。
对国外马克思主义的研究成果，我们当然不能不加辨别地盲目认
同，但也不能不加审视地一概否定，而应当批判地吸取其合理的
成分。

　　其四，应当发展地看待马克思主义经典著作。马克思主义是
一种实践的理论，其强大而持久的生命力源自生生不息的社会实
践。科技的发明、经济的发展、政治的进步、文化的变迁等，都直接
或间接地推动着马克思主义的发展。随着实践的发展和社会的变
迁，马克思主义的原理将进一步丰富，经典作家的一些结论也会过
时，建立在实践基础上的理论创新是马克思主义的灵魂。看一种
理论是不是马克思主义的，主要不在于马克思恩格斯有没有说过
什么样的话，甚至也不在于经典作家是否肯定或否定过某个观点，
而在于是否从根本上符合历史唯物主义和辩证唯物主义的世界观

和方法论,是否符合马克思主义人类解放的价值观。马克思从来没有倡导过社会主义条件下的市场经济,从来没有谈及社会主义的宪政与法治,而这些恰恰是我们今天社会主义经济和政治制度的根本所在。仅仅因为马克思主义经典作家从未论述过这些问题,就认为它们不是马克思主义的理论;仅仅因为某些人类文明的共同成果可能最初源于资本主义国家,就断定它们是非社会主义的,那是对马克思主义的真正背离。

科学的马克思主义研究必须摈弃"自大狂",这些"自大狂"自以为垄断了马克思主义的真理,凡是与自己观点不同者动辄扣上"非马克思主义",甚至"反马克思主义"或"资产阶级自由化"的高帽。"自大狂"式的研究,只会葬送我国的马克思主义理论研究事业。对于任何一位坚持马克思主义信仰的学者,只要他采取严肃的态度,并且言之有理,持之有故,哪怕观点和结论有所不同,其研究都应当受到鼓励。

(本文为《马克思主义研究参考丛书》的序言,有删改。)

应该如何看待资本主义

按照国内的流行分类,社会主义和资本主义依旧是当代世界各国的两种基本体制,资本主义依旧是社会主义的主要对手,社会主义与资本主义两种体制之间依旧还在进行着激烈的较量。唯其如此,要推进中国特色的社会主义事业,就必须了解资本主义的最新发展。所谓"知己知彼",才能"百战不殆"。所以,跟踪研究当代资本主义的最新变化,始终是我国理论界的一项重要任务。

我曾经说过,像一个人长着两只眼睛一样,资本主义身上也长着两只富有思想的眼睛,时刻注视着自身的变化。从政治倾向来说,一只是右翼思想家的眼睛,他们从积极的和肯定的角度对资本主义的变化做出解释和论证;另一只就是左翼思想家的眼睛,他们从否定的和批判的视角对资本主义的变化做出分析和评论。作为局外人,我们了解当代资本主义新发展的最佳捷径,莫过于借助于这两只眼睛的观察。

这两只眼睛对于全面客观了解当代资本主义的新变化,都同等重要,两者既不可或缺,也不可偏颇。借助"右眼",我们可以看到当代发达资本主义国家在科技进步、经济发展、文化创新和治理变革等方面所取得的新成就,尤其可以看到当代西方发达国家对人类文明的新贡献。借助"左眼",我们则可以发现当代资本主义国家在经济发展、政治制度、生态环境和文化教育等方面存在的严重弊病,尤其是当代西方发达国家对人类文明所带来的危害。"独眼"和"斜眼"看西方,都不可能有正确的结论。

不过,实事求是地说,我们更喜欢用"左眼"来看资本主义的新变化,即更喜欢看到当代资本主义面临的危机和衰落,更愿意看到西方发达国家所存在的弊端和困境。这既有政治的因素,也有学术的偏好。从政治方面说,我们的惯性是,多讲对手的弊病,似乎更有利于增强我们的制度自信。从学术方面说,学者本来就喜欢针砭时弊,不愿歌功颂德,习惯于批判性思维。

我们拿《当代资本主义跟踪研究丛书》来作例子。本书编者主要选录的是西方左翼学者对当代资本主义的批评性观察。批判性是这套丛书的首要特征。所选的许多文章无情地揭露了当代资本主义所面临的社会政治经济危机和困境,特别是西方发达国家所面临的社会矛盾、经济衰退、生态危机、民主赤字和文化堕落,分析了产生这些弊端的体制性原因。其次是前瞻性,丛书的不少文章着眼于资本主义的内在逻辑,分析和预测了资本主义发达国家的发展趋势,并对以美国为首的西方发达国家的未来前景做出了各种判断。其三是多样性,丛书所选文章不仅考察了当代资本主义本身在发展模式、社会结构、体制机制、公共政策、文化传统、生态环境等方面的多样性,而且还对资本主义在当代的多样性做出了多视角的分析,从而得出了丰富多彩的结论,既有乐观的,更有悲观的。

先哲曰:"见贤思齐","择善而从",此乃君子之美德。正如个人一样,一个有强烈进取心的民族和国家,也要善于学习其他国家和民族的先进事物,向先进者看齐,勇于发现并努力克服自身的不足。先哲还曰:"见不贤而内自省","择其不善者而改之"。看到别人的不足和短处,应当反省自己是否也有类似的弊病,如果有类似的弊病,则应努力改正。不能以别人的缺陷来为自己的不足做辩护,更不能去比谁更不好,而要以别人的弊病为警戒,来防止自己重蹈覆辙。马克思主义创始人之所以批判资本主义社会的愚昧、剥削、压迫、专制、好战、不平等,为的是建立一种比资本主义更加文明、自由、平等、民主、和平的社会主义社会。今天的马克思主义者批判当代的资本主义,同样应当怀抱这样一种崇高的理想。

（本文为《当代资本主义跟踪研究丛书》的总序,有删改。）

生态文明是人类文明的新形态

改革开放以来,中国的社会经济现代化取得了举世瞩目的巨大成就。按照可比价格计算,中国的国民产值在 1979 年至 2005 年的 26 年间,以年均 9.7% 的速度增长,从 1979 年的 4 038.2 亿元上升到 2005 年的 183 956.1 亿元。人均国内生产总值从 1978 年的 381 元上升到 2005 年的 14 040 元。农村居民年人均纯收入从 1978 年的133.6 元提高到 1999 年的 3 254.9 元;城镇居民年人均收入从 1978 年 343.4 元提高到 2005 年的 10 493 元。中国人民正在享受现代化所带来的甜蜜果实:不消说早年曾被当作"共产主义社会理想生活"的"楼上楼下电灯电话"早已习以为常,而且私人汽车、花园别墅、出国旅游这些曾经谁都不敢奢望的生活对于不少人来说也已经成为现实。

然而,好东西往往要付出代价。环境的破坏、生态的失衡、气候的变暖、资源的短缺等,便是人类为现代化付出的沉重代价。中国人民在享受现代化建设甜蜜成果的同时,也正在饱尝生态破坏和环境恶化所带来的苦果。

例如,我国城市的大气和水污染问题就十分严重。酸雨面积占国土面积的三分之一,七大水系近一半河段严重污染。2005 年,工业固体废物达 1.344 9 亿吨,城市垃圾年产量达 1.5 亿吨,其中大多数没有经过无害化处理。2005 年监测的 522 个城市中,空气质量达到国家一级标准的只占 4.2%。我国城市空气中的颗粒物或二氧化硫含量在全世界属最高之列,每年约有 20 万人因室外空气污染死亡,10 万人因室内空气污染死亡,约 1 100 万次急诊是由空气污染引起的。去年的松花江污染事件和今年的太湖蓝藻事件,更使国人惊愕不已。

又如,国家环保总局发布的《2005 年中国环境公报》显示,目前我国水土流失面积达 356 平方公里,占国土总面积的 37.1%。自 20 世纪 90 年代以来,我国每年新增水土流失面积 1.5 万多平方公里,新增草地退化面积 2 万平方公里、土地"沙化"面积 2 460 平方公里、土地"石化"面积 2 500 平方公里。2005 年,中国全海域发生赤潮 82 次,和 2004 年相比,有毒藻类引发的赤潮次数和面积大幅增加。

再如,自然资源短缺并且开发利用不合理。水资源紧缺是我国最严重的资源危机,目前有 100 多个城市严重缺水。我国的人均耕地仅 1.4 亩,不到世界人均耕地水平的一半。我国人均森林占有面积为 1.9 亩,仅为世界人均占有量的五分之一;人均森林蓄积量为 9.048 立方米,仅为世界人均蓄积量的八分之一。据估算,我国因各种人为因素造成破坏和废弃的土地近 2 亿亩,其中仅采矿破坏的土地约为 9 000 万亩,这个数字还在持续变大,每年有百万亩新增的废弃地得不到及时复垦。

日益严重的生态环境问题,不仅使人与自然之间变得不和谐,而且也使人与人之间变得不和谐,近年来因环境污染而引发的冲突事件有增无减。所有这些都正在催醒中国人民的环境保护意识,迫使政府和民众更加重视生态保护。中国古代关于人与自然和谐发展的"天人合一"理想,经过长时期的沉寂之后,再度在中国知识分子中间引起极大反响。近年来,诸如"可持续发展"、"环境保护"、"生态平衡"、"绿色 GDP"、"人与自然和谐相处"、"生态文明"等概念便成为中国政府和知识分子议论最多、讨论最热烈的话题之一。我自己对"生态文明"这一概念情有独钟,认为这是一种值得大力弘扬的人类理想发展状态。

生态文明就是人类在改造自然以造福自身的过程中为实现人与自然之间的和谐所做的全部努力和所取得的全部成果,它表征着人与自然相互关系的进步状态。生态文明既包含人类保护自然环境和生态安全的意识、法律、制度、政策,也包括维护生态平衡和可持续发展的科学技术、组织机构和实际行动。如果从原始文明、农业文明、工业文明这一视角来观察人类文明形态的演变发展,那么可以说,生态文明作为一种后工业文明,是人类社会一种新的文明形态,是人类迄今最高的文明形态。

作为人类文明的一种高级形态,生态文明是人与自然关系的一种新颖状态,是人类文明在全球化和信息化条件下的转型和升华。人类本身就是自然生态的组成要素之一,正如胡锦涛总书记所说,"自然界是包括人类在内的一切生物的摇篮,是人类赖以生存和发展的基本条件。"建设生态文明,归根结底是为了人类自身的利益,良好的自然生态,是人类幸福生活不可或缺的要素。因此,在建设生态文明的过程中,人类自身是生态文明的主体,处于主动而不是被动的地位。建设生态文明,绝不是人类消极地向自然回归,而是人类积极地与自然实现和谐。人类既不能简单地去"主宰"或"统治"自然,也不能在自然面前消极地无所作为。换言之,"以人为本"既是科学发展观的出发点,也是我们建设生态文明的基本出发点;最大限度地实现人类自身的利益,也正是我们建设生态文明的归宿。

（本文为《生态文明系列丛书》总序，有删改。）

性质不同的"蹲点调查"

　　曾几何时,"蹲点调查"一直是中国知识分子最为熟悉的字眼,也是他们一生中必不可少的经历。记得我刚从北京大学调入中央编译局时,办公室的过道上塞满了一袋一袋、一柜一柜的文件资料,里面装的都是当年编译局专家学者在"四清运动"中和"五七干校"期间的"蹲点"档案:各种会议记录、相关文件和蹲点人员的日记、汇报、检讨等等。出于好奇,我曾经翻阅过其中不少材料,深感政治运动的"魔力":它不仅可以洗涤人们的脑袋和心灵,甚至可以改造和扭曲整个民族的灵魂。一份份"四清运动"、"五七干校"、"反右斗争"、"文化大革命"和"批林批孔"的档案文件和蹲点日记,折射出了新中国一段段无比沉痛的政治历史。那样的"蹲点"与其说是调查研究,远不如说是对知识分子的政治改造,是纯粹为政治运动服务的工具。

　　那种扭曲人性、变相惩罚知识分子的运动式"蹲点"我们永远不再需要,但作为学术研究的蹲点调查,我们始终需要。蹲点调查是一种田野式的实证研究,它是社会科学研究的基本方法。如果说先验分析是哲学研究的前提条件,那么经验研究则是社会科学的基础条件。许多优秀的社会科学成果都与这种蹲点式的田野调查密不可分。例如,费孝通先生广为人知的《江村经济》是对江南小村——开弦弓村的经验研究,罗伯特·帕特南(Robert Putnam)的《使民主运转起来》则是对意大利南部社区长期"蹲点调查"的结果。改革开放后,作为实证研究的田野式调查重新受到了学术界的重视,这是我国社会科学研究复兴的一个重要标志。

袁方成博士的《"蹲点"手记》是观察中国农村的一份原始资料。这份成果最初并不是出于学术研究的原因,而是为了完成教育部委托的一项官方任务,主要内容是对农村义务教育经费保障机制试点改革的观察和监督。然而,作者作为一位年轻学者,出于一种内在的学术责任,他在领受任务时就决定将工作任务与学术调研合而为一,既完成教育部的任务,同时又把它作为一次难得的对中国乡村的实证调查。因而,从蹲点的第一天起,他就注意对农村治理的许多问题进行广泛的观察,注意收集乡村治理的各种第一手资料,注意对农村治理中一些重要问题的分析思考。这部书稿就是这样一种观察和分析的真实记录。它不仅反映了农村义务教育的现状,而且也反映了农村公共服务和地方治理的现状,说它是"一份来自乡土中国的改革观察"是非常恰当的。

(本文为《"蹲点"手记:一份来自乡土中国的改革观察》的序言,有删改。)